优秀的人都是胆小鬼

〔日〕荒川诏四 著
赵文婷 译

中国人民大学出版社
·北京·

前言

优秀的人都是非常谨小慎微的。

看到这本书的书名，很多人的第一反应或许是"这怎么可能？！"然而，我并没有开玩笑。我效力于普利司通公司（Bridgestone，日本轮胎公司，世界最大的轮胎及橡胶产品生产商）40余年，从我这40余年战斗在全球业务第一线的经验来看，的确如此。

一般来讲，优秀的人都拥有碾压周围人的强大气场，而且给人一种他可以大胆去做一般人做不了的事情的"神经大条"的印象。确实，当机立断的格局是成为领导者的必要条件，有时候，我们也的确需要义无反顾、勇往直前的勇气。

然而，只有勇气和胆量并不能成为真正意义上的优秀领导者。倒不如说，恰恰相反。实际上，我迄今为止接触过的一流的领导者，都是非常谨小慎微、心思缜密的。

他们经常事无巨细地替他人着想，时刻不忘尊重他人。因为心细，才能在细枝末节之处考虑得更加周全；因为谨慎，才不敢懈怠，对所有可能发生的意外做好十足准备。正因为如此，在有突发事件的时候，他们才能做到当机立断，并且可以借助支持者的力量，乘风破浪，渡过难关。

绑起敏感神经，成就坚韧领导力

把每一根纤细敏感的神经结合起来，创造"大条神经"，这才是成就真正坚韧领导力的秘诀。也就是说，谨小慎微并不是缺点而是优点。不要把这些内向的性格特质看作与自卑相关的负面因素，相反，善于把这些特质当作武器的人才能成长为真正优秀的领导者。

我也曾因自己的胆小、敏感而非常自卑。

我本来就比较内向，也不善于和人打交道。大学时参加的是美术社团，我是一个不怎么爱说话，喜欢静静坐着画自己的油画的老实学生。一个偶然的机会，我听说有一家叫"普利司通美术馆"的公司，就一直认定这（普利司通）是一家"文化性质的公司"，此后阴差阳错，我于1968年进入了普利司通轮胎公司。没想到，这一切都缘自一个天大的误会。

一进入公司我就感受到，这完全是一个远离文化和艺术细腻世界的豪放粗犷的职场环境。在到处都有像武士那样气场的前辈昂首阔步的公司里，像我这种走路还跟跄的瘦子简直是被完全碾压。我每天都在琢磨自己是否能在这里坚持下去，伤神不已。

工作第二年学到做领导的基本特质

职业生涯出现转机是我参加工作后的第二年。

大概是由于大学时学过泰语的原因，我当时被调到正在建设中的普利司通泰国工厂。上任后没多久，领导就命令我要使泰国员工混乱的库存管理模式正规化。我就这样走上了库存管理的改革道路。虽然有上级领导的指令，但我当时仍然是一个没有任何头衔的小喽啰。"绝对不能被看扁了！"怀着坚定心气的我，用一种强硬的、逼他人听命于我的姿态，要求当地员工进行改善。正因为这样，后来产生了一些我完全设想不到的矛盾。

我逐步尝到了被当地泰国员工强烈反对的滋味。每次发布自认为明明很正当的要求和指示，结果完全不被当地员工理会。"小毛孩子拽什么拽，什么玩意儿啊！"我经常能听到这样赤裸裸的鄙视和挑衅。别说让库存管理正规化了，我周围整个职场都陷入了不能正常运作的状态。

非常困惑的我走投无路，只好找到上司哭诉。

然而，因为工厂刚刚开始全天 24 小时运作，大家每天都忙得像打仗一样。极其忙碌的上司根本无暇理会我，还怒斥道："那是你自己的问题吧！是你没有做好你自己的事情！"但事实上，我在日常工作中已忙到不可开交，每天还要加班到深夜，冥思苦想解决库存管理问题的出路。

说真的，那个时候我确实是心力交瘁，都到了想要辞职的地步。然而由于那时国际航班机票特别昂贵，我最终没能逃回日本。"必须得做点什么才行"，被逼到绝境的我，痛下决心必须破釜沉舟加油干。

"改革为什么不能顺利推进？我哪里做得不对？"我每时每刻都在努力思考这些问题。

"没有人在被他人无来由地否定工作后还能不逆反"，意识到这点后，我就奔赴现场，开始和每个人持续耐心地沟通。紧接着我就提议："如果我们能够做到好的库存管理，那么大家都会更加轻松！"进而和大家一起头脑风暴，讨论"为了达到此目的我们可以做什么"等相关话题。我决定先行动起来，努力工作，起到表率作用。

看到员工忙碌工作的身影，我突然明白了一个道理。

所谓领导力不是逼着大家干活，这样做只会适得其反。比勉强他人更为重要的是向大家展示有吸引力的愿景，引起集体共鸣，同时以尊重每个人的主体意志来创造出团队自发工作的状态。为了达到这个效果,我再次意识到,随时替他人着想的"敏感"才是真正能够派上用场的武器。

世界上的领导力基本上都是一样的

从那以后至今,已过了 40 余年。

我先后被外派到泰国、中东、近东、欧洲等国家和地区,积累了丰富的海外工作经验。因为轮胎是有国际标准的,所以公司的业务在进入这些市场时并没有遇到障碍。在轮胎行业,全球的生产商都在"吞并和被吞并"的残酷竞争环境中激烈奋战着,人们常形容这一行是" cut throat business"(割喉生意)。因为被吞并的往往都是产业规模相对劣势的一方,所以,如果我们的市场占有率达不到世界第一的话,那就无法安稳地生存下去。为了实现公司的这个大方针和大愿景,我作为先驱者一直都在全力以赴。

终于,在 2005 年,我们收购了法国的米其林轮胎(Michelin),普利司通成为本行业全球市场占有率最大的公司。次年,我上任社长,作为在全球有 14 万名员工的大企业的领导,在公司这条航行在商海里的大船上,被委以舵手的重任。普利司通也从我参加工作时销售份额仅占日本市场一半的企业,成长为拥有八成海外销售份额,且外籍员工占四分之三的国际化大公司。作为日本企业,虽然我们以最快的步伐成长为世界级跨国公司，但身为社长，我没有懈怠过一分一秒。

就任社长时，我就提出了这样的目标——"要为真正的世界第一企业创造坚实的事业基础"。在任期间，虽然经历了金融危机、东日本大地震等意想不到的困难，也差点经历了上市以来的第一次财务赤字危机，但我们在全体员工的共同努力下践行了许多改革。就评价全球优秀企业的基本指标而言，我们的 ROA（资产回报率）也达到了最初设定的 6% 的水平。

这么多年来，我实际上当过很多部门的领导。

我当过只有一个人的海外事务所所长，当过有几名下属的课长，当过有几十名下属的部长。在泰国出任当地法人 CEO 时管理着几千人，在出任欧洲当地法人 CEO 时管理着 1 万余人，最后作为总部的社长领导着共计 14 万余名员工。在亚洲、中东、近东、欧洲这些地方，有各类人种，也有佛教、印度教、伊斯兰教、基督教等各种宗教信仰，可以说真的是把所有的多样性都融合在了一起。

不过，无论在哪个部门，作为领导应有的基本素质是丝毫没有改变过的。那就是在进入公司第二年后从泰国公司员工那里学到的事情——提出让全体员工都能产生共鸣的理想愿景，竭尽全力真正做到尊重每一名员工的主体性。为了能够实现这个目标，要能敏锐地体察到每一位员工的情绪，不断地和员工进行平等礼貌的沟通对话。这才是一切的基础。

随着组织架构越来越庞大，员工的多样性也越来越复杂，在这样的情况下，如果偏离了上述基础，就很有可能使公司陷入无法正常运作的状态。在小规模的团队中，把自己的意志强加于员工并让他们听话或许有可能实现，但随着团队的发展壮大，这一套是根本行不通的。而且，如果不考虑由于国家、地域的不同而导致的历史、文化、商业习惯等有别的事实，一味只想让别人按照自己的意志去完成目标，只能是自食其果，引来大家更强的逆反。所以，只有勇气和胆量是没办法成为真正意义上的领导的。

不小心谨慎就无法生存下去

不止如此。

在现代这个日新月异的社会，只有敏感且谨小慎微的领导才能真正发挥力量。

在竞争非常激烈的轮胎行业更是如此，因为在更广阔的世界范围内，我们根本不知道什么时候会发生什么事情。有可能突然间新兴国家的企业就可以用更低廉的成本投入商品制造，或者大型企业间的并购项目就可以使并购方的市场占有率一下提高到业界第一。所以，如果没有时刻谨慎地洞察世界的变化，没有应对各种风险的谨慎心态的话，可能一瞬间就会落入他人的游戏规则中而被市场所淘汰。

另外，能够真正最先感知到时代变化的一定是工作在业务最前沿的员工。怎样将他们感知到的细微变化快速准确地传递给领导层；通过经营者和现场员工互通有无，怎样才能快速地创造出最好的应对方案，这些才是决定胜负的关键。

领导力才是享受人生的真谛

当然，仅仅小心谨慎也不足以胜任领导。

当机立断的格局以及义无反顾、坚持到底的勇气也同样必要。关键是怎样将这一根根纤细敏感的神经结合成我们所谓的"大条神经"。秘诀就藏在将我自己的经验总结出来并完整呈现给大家的这本书中。

也就是说，本书不是讲技法的。仅仅通过技法来积累经验的方式不可能掌握真正的领导力。领导力是一门实干学科，只有从不同的经历中亲身体会才能领悟得到。

因此，我在这里能够告诉大家的是，在工作中遇到各种各样的状况时，要明白什么是自己必须遵守和保护的底线——这些就是你最根本的原则。对于各位读者来讲，可以一边参考这条经验，一边全力以赴应对现实生活中遇到的各种问题。不过，在此过程中，请坚信，小心谨慎的神经结合在一起后一定可以凝聚成"大条神经"。

我认为，领导力能使我们更加享受工作和生活。提出能让大家产生共鸣的理想和愿景、和大家共生智慧，并一同努力得出结果，这个过程既是值得享受的，而且在到达终点的那一刻，每个成员之间也会产生某种不可言喻的羁绊和纽带，而这些都是无可替代的宝贵经历。

当然，为了发挥领导力，也需要有冒险的勇气。如果只是一味屈身于狭小的桌面，只去完成被要求的工作，那人生岂不太过无趣？反正都是工作，即使失败也不会到要命的地步，更何况在职场上绝对没有解决不了的问题。

所以，我希望大家可以鼓足勇气向前迈一步，谱写新的人生篇章。

荒川诏四

目 录

第 1 章　做谨慎的乐观主义者 / 001

01　遇事反求诸己 / 003

02　胆小的乐观主义者才是最强的领导 / 010

03　绝不放手对工作的所有权 / 019

04　做有趣的事情，才能培养出领导力 / 027

05　不做最先提议的人就没有意义 / 033

第 2 章　只有胆小者才不会被淘汰 / 045

06　不要追求完美人格 / 047

07　没有比伤害他人自尊更愚蠢的事了 / 054

08　优秀的领导都会倾听 / 058

09 怎么说话很重要 / 063

10 坚守原则和底线 / 069

11 做一个不惧嘲笑的胆小鬼 / 076

第3章 因为总是担心,所以强大 / 083

12 领导并没有为公司挣一分钱 / 085

13 不了解现场的人无法做决策 / 090

14 对条理清晰的报告要抱有怀疑态度 / 097

15 像蜿蜒的长河般思考 / 103

16 因为担心所以会培育出先见之明 / 111

第4章 敏感是最强的竞争力 / 119

17 地位造就"无能的人" / 121

18 要透彻理解负向机制 / 127

19 要对下属的痛苦时刻保持敏感 / 132

20 要做战略上的吝啬鬼 / 141

21 要尽量隐藏你手里的权力 / 147

第5章 一切源于理想 / 155

22 要成为胆小的理想主义者 / 157

目 录

23 领导要成为"艺术家" / 161

24 别只关注眼前的危机,要有前瞻性 / 166

25 为下一代留下沃土 / 176

后记 / 182

_# 第 1 章

做谨慎的乐观主义者_

01
遇事反求诸己

克制指责他人的冲动

什么是领导力？字典里通常的解释是作为指挥者的能力和资质。但是，作为领导者，无论指挥对象是谁，都必须绝对克制一点——不要将眼前遇到的困难归罪于他人，也不要归因于环境。如果对现状不满，首先要反省一下自己的处理方式是否有不妥之处，接下来需要集中精力思考解决问题的方法，并率先行动。如果连这些都做不到，却一味地试图指挥、限制、管控别人，那么后果不堪设想，因此要十分小心。

这一点是毫无疑问的。试想一下，在业绩恶化的公司，如果老板不停地指责下属，认为"都是你们的错"，会怎么样呢？他一定会成为所有人都唾弃的存在。当然，下属都有自己的生活，为了避免正面冲突，也只能忍耐老板无休止的负能量倾泻，他们最终可能会顺着老板的指示做些什么，但这样的行动显然不能预期有什么好的结果。

这既不是领导力也不是其他什么有意义的行为模式。下属的反馈仅是为了避开领导的责骂，而根本没有发挥自己的主观意志。以这种方式工作，根本不可能取得好的结果。作为老板，可能会误认为让下属听命于己是在发挥领导力，而实际上这只不过是将每个拥有自己独立想法和智慧的人所组成的集体组织变成了"乌合之众"，让组织陷入无法发挥作用的低效境地。

或者，如果有领导将业绩恶化的原因完全归咎于经济形势的影响，大家认为怎么样呢？我认为这只不过是否定了自我存在的意义，因为如果是经济形势的恶化导致的经营不善，其实无论谁做领导结果都一样。这样一来，是不是根本就不需要领导这个角色的存在呢？因此无论这位领导嘴上说得多么天花乱坠，事实上绝不会有下属真正心甘情愿想要追随他。

我们经常可以通过媒体了解到那些将业绩恶化归咎于"没能跟上时代变化"等原因的领导者，这不得不说是作为领导的失职。将所有的形势变化追根溯源归结到自己一个人，这样一来，才会形成"自己才能引起环境变化"这样创造性的思维。如果只是归因于"没能跟上时代的变化"，总以一种受害者心态去面对一切，那么没人能认可这种领导。

"伪领导"是怎么产生的？

"伪领导"处处可见，就是没有起到任何作用的领导，这样的领导因何而产生呢？

很简单，因为他们永远在逃避。

作为社长，肩负着公司业绩的最终责任。如果公司业绩恶化，那么社长应承担所有的责任。也就是说社长从根本上讲是没有任何退路的。但实际上，将责任推卸给下属或者归咎为大环境等影响、试图逃避自己应该承担的责任的人大有人在。一旦有此行为，不得不说是作为社长的失职。只要抱有这种心态，无论怎样压制、指使别人或者如何耍威风，其实都不能表现出丝毫领导力。

因此，在萌发只想通过指点他人实现目的这种糟糕的想法之前，不逃避自己所应承担的责任才是最重要的。当困难来临时，不应去抱怨他人和周遭环境，而要想想以己之力可以先做些什么，这种心态才是领导力的根本所在。这样，为了克服眼前的困难，自己率先行动，当周围的人对此产生共鸣并想要为自己加油助威的时候，才是领导力真正萌发的开始。虽然有时候这种行事方式显得朴拙、胆小，但在活出自己个性的同时，也一定可以慢慢地发挥出领导力。

被逼到绝路才会得到真正的锻炼

从环境对个体的影响这个意义上来讲，我是幸运的。为什么呢？因为在入职第二年，我就被派到了泰国工厂，在那里我被逼到了不得不改变心态的地步。

当工厂陷入不能正常运转的困境时，起初我一直深信自己没有任何过错。"我明明很努力地在做正确的库存管理指导，泰国员工不应该对此视而不见"，"再怎么忙，领导也不应该对我面临的巨大困难不理不睬"，"原本公司也不应该把只有两年工作经验的我派到正在建设中、每天忙到像打仗一样的泰国普利司通公司去"，"为什么只有我这么倒霉呢"，当时我每天琢磨的都是这些念头。

然而，即使考虑这么多也没能真正解决一个问题。不止如此，情况可以说是一天不如一天。陆续运到仓库的新产品充塞每个角落，待发货的商品也堆积如山。被泰国员工孤立的我不知所措，只想着自己每天有多惨。真想挣脱一切逃回日本！然而虽然心里这么想，我连回日本的机票都买不起，真的是无路可逃。实际上我当时的压力非常大，不过这也是件好事，因为我必须改变自己的想法了。有问题的是自己。一味地抱怨别人、怪罪环境，境况也只会越来越糟。必须要

第 1 章
做谨慎的乐观主义者

做出改变的不是别人,正是自己,除了转变思维以外我别无选择。

之后,我努力让自己的态度180度大转弯。我开始对当地员工不做要求,相反,通过和大家一起辛劳共事,努力让大家接纳我,成为他们中的一分子。说真的,因为以前总被嫌弃,还经常因年轻而被调侃,所以我当时很害怕走进他们的圈子。然而在战战兢兢的同时,我还是勉强做到了保持微笑,并和大家保持良好沟通。

心态决定一切

这就是我的起点,被逼到没有退路,只能改变自己。也就是说,我被逼到了必须要改变自己心态的地步。

可能有人会觉得我真可怜。的确,在我过往的经历中伴随着不少失败体验,但我对此心怀感激。因为从那些时刻起,我不再抱怨他人,而开始转念专注于"以己之力究竟可以做些什么",也正是从那些时刻起,领导力开始在我的思维中生根发芽。这种反求诸己的思想一直指引着我的言行,直至我卸任普利司通CEO。

因此,我经常会这样思考:"在你想要逃避的时刻,或许才真有机会到来。"

人会本能地进行自我防御。当困难来临时,最自然的反应就是想要逃离。这就如同条件反射一般,而且正因为有这种条件反射,所以克服起来才相当困难。

然而,如果能打消指责他人、怪罪环境等这些念头,做到凭己之力直面困难的话,着实可以向拥有领导力迈出坚实的一步。即使在最严峻的环境下,无论结果多么糟糕,也根本不必太在意。我们只需扪心自问:"是逃避了呢还是去认真面对了呢?"

另外,这些事情越早经历越好。一直逃避,只会错失能够真正塑造领导力的时机。如果年轻时就习惯了逃避,那么随着时间的推移,等上了年纪之后再去修正就会非常困难。因为一旦担任社长这类较高的职务,就意味着没有退路,如果那个时候再纠正逃避这个坏习惯,可以说是难上加难,几乎不可能,最终会让自己成为不受人待见、无人尊重的"伪领导"。

也可以这样说,世界上只有两种人,有领导力的和没有领导力的。区分的方法只有一个,那就是"心态"。

也就是说,是否具备领导力和职位的高低没有任何关系。既有身居高位却缺乏领导力的人,也有不带下属的普通员工却具备高超的领导力。或者可以说,个人所具备的与岗位本身相关的能力和是否具有领导力没有必然联系。现实中既有职场中存在感很强却缺乏领导力的人,也有虽然气场偏弱、不动声色但依旧领导力极强、能组织和动员周围同事的人。其实，和那些惯于把责任推卸给别人、事不关己高高挂起的人相比，能体谅他人、事事能从他人立场出发去思考、胆小谨慎的人更可能成为真正优秀的领导者。

02

胆小的乐观主义者才是最强的领导

正因为有矛盾发生,才说明工作在正常开展

解决问题,这是作为领导者最重要的使命。

也可以说,正因为如此,领导才拿着比其他人高的报酬。在企业里,现场员工解决不了的问题交给课长,课长也束手无策的话交给部长,还不行的话再一层一层地向上汇报给董事、社长(这也再次说明社长是没有任何退路的)。

有的人一听到下属汇报棘手问题时就立刻甩脸色,在我看来这根本就是无能的表现。遇到这样的人,我特别想质问一句:"你是凭什么拿着比下属高那么多的工资的?"所以,在听到下属汇报难缠的问题时一定要感到高兴,因为这意味着终于可以轮到你出场了!

话虽这么说,但如果碰到了预想不到的问题,无论是谁都会紧张。胆小谨慎的人更是如此,没几个人可以在巨大的

第 1 章
做谨慎的乐观主义者

困难面前保持气定神闲,因此我在遇到问题的时候会这样告诉自己:"问题在有序地发生,正因为如此才意味着一切是在顺利进行着。"

当然,这并不意味着就可以索性抱着无所作为、反正发生问题也很正常的态度。世界不是围绕你我来转的,无论设想得多么完美,事情最终也往往不会按照预期来发展。只要是工作,就肯定会有各种各样的问题。当我们着手一项新工作时,不可能从一开始就一切顺利。一切顺利反而都是例外。所以,不要担心问题的发生,而要转变思维——每当出现问题的时候,也就说明一切都在正常发展。

在遇到问题时慌不择路、乱了阵脚,那是最糟糕的反应。开始找借口、推卸责任、大声抱怨,这么做不仅浪费时间,更会失去大家的信赖。解决问题,速度是一切。因此要告诫自己"问题发生是正常的,要淡定",进而冷静地思考解决方案并刻不容缓地采取行动。

为什么越胆小谨慎的人越擅长解决问题?

根据我 40 多年的工作经验,在工作中没有什么问题是解决不了的。无论什么问题,最终一定可以解决。因此,在面对困难时,务必镇定冷静,谨慎细致地分析解决。我特别想把这一点传达给现在的年轻人。

为什么肯定能解决呢？

因为所有的工作说到底都是人际关系的经营。即使由于某种利益冲突或其他原因，与他人产生了嫌隙，也不要逃避而要去勇敢面对。只要能够与他人重建信赖关系，就会彼此谦让、共生智慧，这样一来，就一定能够找到解决问题的方法。

但这是有条件的，就是绝对不逃避、不退缩。如果不想解决问题的话，逃避、糊弄是最省事的方法。但如果这么做，事情就更没有回旋的余地。只要逃避，对方就绝对不会接受，而一旦这种不信任感再次加深的话，对方的所作所为会进一步把我们逼到更加被动的地步。

解决问题最关键的就是互相信任。因为彼此的信赖关系在矛盾中已经受损，修复起来非常困难，彼此会不自觉地怯懦。但如果因此而逃避，那么一切都将结束，问题百分之百不会得到解决。既然大家都是有血有肉的人，只要能互相坦诚相待，就绝对有恢复信赖关系的方法。

所以，能在这里发挥作用的就是性格中足够的敏感和细腻。

应对矛盾最糟糕的方法就是不考虑对方的感受而一味地强调自己的主张。对方也有自己的立场和考虑，如果不能坦诚相待就无法开展对话。一味地硬来也只会招致对方的反

第 1 章
做谨慎的乐观主义者

感,别说建立信赖关系,如此最终只会陷入毫无结果的斗争中去。理直气壮地只强调自己的理由来和对方抗争,看上去既勇敢又果断,实质是缺乏智慧的表现。这种蛮干的勇气并不能称为真正的勇气。

能够敏锐地捕捉到对方的立场、所处的利害关系以及情感,这种细致和敏感,才是真正解决问题的武器。真诚地倾听对方,并理解其本意。虽然有时因为对方的怒气太盛,我们也会态度坚决毫不留情,但这种时候一定不要感情用事,先做到真正倾听对方的本意才是最重要的。

在此基础上,对他人心怀敬意,该道歉时就道歉,如果有自己无法退让的原则和底线,也要真诚地告知对方。为了找到双方都满意的解决方案,如果能够努力将自己真诚的态度一直保持下去,对方一定会感受到。一旦信赖关系得以重新建立,那么双方都会自然而然地朝着解决问题的方向前进。

因此,我坚信,比起激进冲动的人来讲,敏感细腻的人更擅长解决问题。

只要够真诚,一定能解决问题

这句话不仅对日本人有效,对世界上所有人都适用。

自从和泰国员工产生冲突以来,我解决了工作中无数的矛盾。泰国、中东、近东以及欧洲等国家和地区，由于地理位置不同而存在巨大的文化差异，遇到问题后大家的应对方式也不尽相同。虽然我的处事方式每次都会有所调整，但本质没有改变，那就是不退缩、不逃避，敏锐地察觉到对方的立场、所处的利害关系以及情感等，并真诚以待。如果能自始至终地坚持这条信念，那么无论身在何处都能构筑和他人的信赖关系。

我被外派到土耳其时经历过一件相关的事。当地某家客户没有欧式契约概念，虽然已经反复联系并确认下了订单，在最后时刻却通知我们反悔了。问题随之而来。因为他们是基于习惯来考虑问题的，所以如果要将契约概念强加于他们也于事无补，还可能导致一些不快，因此我们只能在理解他们的基础上见机行事，除此之外别无他法。

不过，由于我们对待这个问题的态度很诚恳，因此与这家客户相关人员也逐渐建立了良好的私人关系。随着彼此之间的信任不断加深，情况也慢慢好转。客户也逐渐理解了以契约概念推进工作对他们的便利和保障。从此以后，双方的商务往来问题锐减，也建立了非常好的合作关系。

信任会给我们带来馈赠

我在泰国做销售时遇到过一件事。当时我担任泰国普利

第 1 章
做谨慎的乐观主义者

司通的轮胎大客户销售，经常打交道的一位当地企业老板浑身散发着一种独特的油腻气质，每次的交易条件设置十分苛刻。他经常刁难我说："你们公司太小气了！""再给我便宜点！"客户的很多条件我的权限无法做主，不理睬吧生意做不成，汇报给上司呢，上司又因嫌我没有照章办事而发火，因此我经常在客户和公司之间受夹板气。

当然，公司一直有规定的通行交易条件，我完全可以以此为挡箭牌应付客户的诉求，但因为知道对方公司所处状况也比较严峻，我也可以理解客户迫切需要节约成本的心情。因此，为了找到双方能够契合的点，我真是煞费苦心。虽然矛盾还是一直频繁发生，但在忍受对方抱怨的同时，不管怎么说当地的交易还是一直都维持了下来。

然而有一天，我们遇到了麻烦。从他国来的一笔大额轮胎订单在发货前收到消息被取消了，我们因此积压了大量的库存。无可奈何之下，抱着能卖一点是一点的心态，我们开始在当地各类客户中一家一家上门推销。说实话，这是一场毫无意义的临时推销，没有多大的成功可能性。

我们去热情地拜访了平时交情不错的客户，然而没有一家愿意接受这单货。走投无路之下，我找到了之前那位"油腻"老板。因为他是这方面的行家，且总和我们无休止地讨价还价，所以我其实没抱一丝希望。"拜托了！"当我们低头恳请他的时候，他竟然给了我们预想之外的答复。他考虑了一下说："知道了。"几天之后，他从我们这里订购了大量的货。

故事还有后续。

我回到日本后再次到访泰国，为了表达谢意，我再次去拜访那位老板。他很热情地接待了我们，然而当我去仓库一看，却发现那个时候帮我们消化的那批轮胎还像小山一样堆放在那里。果然最终都没能卖出去啊！看到这些轮胎堆积成山，说真的，我还是非常过意不去的。

然而当我向他表达了歉意以后，他却笑嘻嘻地说："这些是从你们普利司通公司买到的最重要的轮胎，是我们多年合作的见证，我是不会卖的，我一直都放在那里。"突然间触碰到这位老板情深义重的一面，我感动得流下了热泪。我觉得这是意外的馈赠，当时的心情至今都记忆犹新。

胆小的乐观主义者才适合当领导

后来我又经历过几次类似的事情，每经历一次，我的乐观主义精神就又被提升一次。

当问题来临之时，没必要慌张。只要不逃避且勇敢面对，所有的问题都会迎刃而解。如果能进一步以此为契机而与对方建立起信任关系的话，日后也会获得意想不到的馈

第 1 章
做谨慎的乐观主义者

赠。因此，完全可以说"问题就是机会"。

为了发挥领导力，培养乐观主义精神是非常重要的。当下属汇报棘手问题的时候，乐观的领导可以坚定应对。这是后天可以培养的能力。无论多么胆小谨慎的人，只要能够做到不逃避且真诚面对，那么一定可以掌握这种技能。对于处理问题，小心谨慎的人更有优势，因此也可以说胆小的乐观主义者才最适合当领导。

实际上，在我担任普利司通 CEO 时，也正是这种乐观主义精神在一直支撑着我。

曾发生过这样一件事。我们在日常审查时发现，在普利司通的海外销售中，一部分营销费用可能被用于贿赂当地公务人员。这严重违反了公司的合规政策，当时的处理方案是让负责此项业务的管理人员召开记者招待会来应对此事。但这样做，有可能会进一步给股东带来更多的麻烦。

于是，作为社长的我决定亲自出席记者招待会，向媒体和公众作出解释。这种时候，社长原本是有机会避开的，因为这不是什么光彩的事，而且公司内部也都众口一词，"没必要老大亲自出马"。但我很清楚，如果在这种时刻选择了逃避，那么日后一定会酿成大祸，那样会更可怕。因此，在办理了公司内部必要的手续之后，我去了记者招待会现场，并反复鼓励自己届时真诚应对，一定能化解危机。

记者招待会举行当日,虽然我内心很紧张,但也努力实事求是地把相关事宜公之于众并诚恳道歉,同时也向大家说明了我们的应对方案,即成立由公司内外部律师事务所组成的第三方委员会,对公司进行彻底的调查。虽然免不了反复向不同媒体作出解释,口干舌燥,但不管怎么说,记者招待会总算是有惊无险地结束了。

此后,发生了我们完全意想不到的事情。虽然大部分媒体都直白地指出了我们公司存在的问题,但并没有看到任何过分指责刁难我们的言论。甚至某经济杂志发表文章题为《让股价上涨的道歉式记者招待会》。事情的发展完全出乎我们的意料,这就是谨慎处事的正面效果。

虽然在决定出面道歉的一刻,难免被一些人认为是怯懦,但结果真的令人很开心,因为我用自己认为正确的方式发挥了领导应有的作用。

03

绝不放手对工作的所有权

时刻保持自主意识

自主意识也是构成领导力的重要概念。

工作中的自主意识就是牢牢掌握对自己负责工作的所有权。

也就是说,因为是自己的所有物,所以无论在什么情况下,都要坚定自己对工作的主权意识。将工作牢牢掌握在自己的手中,不轻易放弃自己对工作的主导权。

当然,这里所说的不放弃对于工作的主导权,并不是说就可以在工作中随心所欲、肆意而为。个体在组织中负责的工作都需要根据团队的集体决策来执行,不可能按照个人的主观意志来推进。因此适时适地地向上司报告、联络、商量,在汲取同事以及相关人员思考精华的基础上,才有可能更好地应对工作。

但是，很多人可能会误解，认为既然要讲求集体应对，就应该淡化甚至抹去自己的想法和意见。工作中，这些人遇到要作出决断的时刻，会找借口："这是领导让我做的"，"因为领导说不可以"，从而放弃自己脑海中已考虑好的思路。

确实，如果抹杀自己的想法，就会在各个场合避免产生很多冲突，但这样的行事方式也注定你不能成为一个合格的负责人。以自己的意见、想法为轴心，为了找到解决问题最合适的方法，向组织提出一些建议，这才是具有自主意识以及作为负责人真正应该做的工作。

放弃了自主意识，不过就是个听话的孩子

当然，在应对棘手工作的过程中，你当然也需要认真倾听领导以及相关部门同事的意见。无论是社长还是一般员工，都不应该有唯我独尊式的自大想法。不同立场、不同岗位的人有来自不同侧面的意见，听听他们的声音并用批判的眼光来审视自己的想法，这个过程必不可缺。像这样不断修正自己的想法，最终就会精练出最合适的解决之道。

通过这个过程总结出来的想法和意见，传达给领导以及相关部门的同事，最后得出整个团队的结论，这才是拥有自

第 1 章
做谨慎的乐观主义者

主意识的领导者真正应该做的工作。所以，无论职位高低，能做到这些就是真正发挥了领导力。

当然，最终做决定的都是领导层，因为个体的意见未必都能被采纳。这个时候，听从团队的最终决定并全力以赴才是自己作为集体一员应采取的正确态度。然而，有时候即便如此，依然觉得自己的想法是正确的，那也最好将想法深埋于心底。在下次机会来临的时候，能够胸有成竹地表达出来就可以了。

相反，轻易地舍弃自己的想法才是最可怕的。当上司和相关部门同事意见不一致的时候，自己就会觉得进退两难。因为没法同时站在双方的立场，所以很容易被夹在中间左右为难而无法行动，最终只会迷失自己的方向而导致工作质量下降。

总而言之，如果放弃自己的想法，就不能算是尽责工作，只不过是个听话的孩子而已。如果担心在团队中被针对和排挤，那么即使觉得有些压力，最好也要坚持自己的自主意识。

言听计从、百依百顺的人生本就了无生趣。年轻时，为了锻炼自己的自主意识，在公司里难免会和他人产生或多或少的争执，但这对于积累领导力是至关重要的过程。经历过这些的年轻人未来必成大器。

发挥自主意识，掌握主导权

我在年轻的时候，时刻提醒自己不要轻易放弃主导权。时至今日，我对被外派到土耳其时一个人打理事务所的情景记忆犹新。

一天，当地从事轮胎生产的大财阀联系到我，想和我们进行业务合作。

当然，这是当时只有课长头衔的我无法拍板的事情，于是我立刻想到向上级汇报此事。不过转念细想，土耳其处于连接欧亚的重要纽带位置，在此居住并切身了解这里风土民情的只有我一人，因此，如果只发挥自主意识但没有掌握主导权的话，也有可能会做出错误的判断。我决定先不着急向上汇报，做好自己力所能及的工作，再相机行事。

我先去拜访了对方负责接洽的领导。

我罗列了数百个问题，并将此清单交给对方，也向对方表明我会在得到这些问题的明确答复后再决定是否向总公司汇报。看到罗列了数百个问题的清单后，对方着实吃了一惊，但承诺会给我二次反馈。

之后，瞒着对方，我又亲自考察了他们运营的工厂。因为不是内部员工，所以没能进到工厂内部，但是仅从工厂的规模也能大概推算出他们的生产能力，从工厂外观和周围的环境也能对其管理能力略知一二。再者，从进出工厂的卡车数量可以大概推算出工厂的运营情况。为了坚持己见，去工厂实地考察这一步是必不可少的，因为只有这样才能从各个可能的角度对工厂进行观察和研究。

经过一番调查，我着实认识到这是一家非常靠谱的工厂，并进一步针对问题清单上对方的答复做更深入的分析。在充分考察后，确认了这家工厂的完备经营状况，因此我向总部提出应积极考虑并推进与对方合作的意见。如果不经历亲自调查的过程，自己充其量也只不过是个置身事外、人云亦云的角色，这就太过无趣了。

没过多久，不出我意料，总部传来了反对意见。

问题大多集中在是否应该对土耳其进行投资，因为当时的土耳其官方年化利率高达百分之十几，并陷入了严重的通货膨胀。不过，针对这一点，我也明确地进行了反驳。

确实，在通货膨胀下资产价值会逐日递减，但更明显的现实是轮胎的需求也在与日俱增。而且单从规模来看，土耳其已经是一块具有很大潜力的市场，更何况若将其作为轮胎供给基地，向中近东以及欧洲等地区提供货源，这种得天独厚的地理优势是非常重要的。因此我向总部提议，如果想要扩大在当地的市场份额，就应积极考虑在土耳其设立轮胎供给基地，这是一个难得的商机。

最终，与当地企业的业务合作并未在我任职土耳其期间完成，但在不久之后得以发展和完善。至今，普利司通在土耳其已经建立了两家工厂，土耳其作为开拓中近东市场的重要纽带，也发展成了向欧洲提供货源的重要基地之一。虽然这都是后任者的业绩，但从促进业务合作的角度来讲，我也自豪地认为自己做了一定的贡献。

我时常会这么想，如果仅因为总部有很多反对意见就放弃自己职权范围内应该坚持的主张，可能最终根本无法实现这些成绩。正因为那个时候离总部很远，我才担心如果不坚持己见业务根本就无法开展。因而我发挥了比往常更坚定的主导权来应对此事，最终也取得了不错的结果。

总帮你解决问题的领导不一定是好领导

虽然这么说，我也并不是从一开始就有主导权意识的。我第一次意识到主导权的重要性是在负责泰国普利司通的库存管理时，当时由于项目进展缓慢，我无计可施，只能向上司哭诉。那时的我，因为想要依靠上司来解决问题而轻易地放弃了自己的主导权。结果不出意料，我的解释和请求被领导无情拒绝，还加上一通奚落与批评，再次把所有问题的决定权推回到了我眼前。

第 1 章
做谨慎的乐观主义者

　　那个时候的我一直认为"上司让你做的才是工作""工作是分配来的",至今都记得当时内心的不以为然,认为不管怎么忙,领导也不应该这么不负责任,甚至觉得上司很刻薄。不过现在不一样了,我并不清楚当时的领导是不是故意的,但我认为他确实给了我非常好的引导。

　　如果那个时候得到了领导的支援,事情会如何发展呢?

　　有可能我会快速地终结现场的混乱局面,但这也是上司的能力而不是我自己的能力。这样,既不能凭借自己的能力解决问题而得到成长,也不会拥有克服困难的成就感。这样一来,更不可能培养出自己可以解决问题的自信。

　　从这个意义上来讲,也可以说习惯于帮助下属解决问题的领导不一定真的能帮助下属成长。

　　当然,领导对下属的工作也负有责任,如果有突发情况出现当然需要施以援手,不仅如此,还应充分考虑到下属的心理承受能力。但是,如果下属稍有点困难就急于解救,结果一定是弊大于利,因为这样会损害下属的自主性。对下属过度保护,反而很容易抹杀其才能与成长的可能。

　　最难做到的是如何把握给予帮助和支援的时机。

　　因为这需要根据下属的抗压能力、工作水平以及所处的状况而定,所以要就事论事分开来看。用谨慎眼光审视所处环境的同时,在保护下属和让其充分发挥自主性之间找到平衡点。

那些明明看到下属深陷困境而不伸出援手的领导者,我们这里不作讨论。然而有时适当给下属一些超越能力范围的压力,而不去过多干涉或帮助是需要勇气的。这样既可以磨炼下属的自主意识,又能够培育出优秀的领导力。

04
做有趣的事情，才能培养出领导力

痛苦的修行磨炼不出领导力

要做有趣的事情。我认为，这才是培养领导力最好的方法。

可能有人会问，领导力是这么轻松就能培养出来的吗？的确，历经磨难方能成才，领导力是在逆境中锻炼出来的，不经历困苦何谈领导力的培养。然而这并不是什么痛苦修行，如果简单地认为痛苦修行等于忍受痛苦的话，倒不如说这样会抹杀真正的领导力。因为这完全偏离了领导力的出发点，也就是主观能动性。

那么应该在什么时候发挥主观能动性呢？很好判断，那就是当自己打心眼里感觉到有趣的时候。无论是谁都一样，因为做的是有意思的事情，所以不需要他人指挥，自己就会率先挑战。这可谓是真正的主观能动性。

当然，在实现"有趣"的过程中，难免碰壁感到沮丧，有时也会遭受挫折。但是，这种痛苦并不是"痛苦修行"。我们不是为了隐忍痛苦才工作，而是为了有趣。因此，跨越逆境，在此过程中方能锻炼出真正的领导力。

提高团队士气的方法

工作的趣味在哪里呢？

我第一次认真思考这件事是在进入公司第三年，那是担任泰国普利司通的销售之时。在销售现场我经常遇到一个问题，这是无论哪家公司在业务创立初期，由于新建往来客户关系都会经常遇到的问题，那就是无法回收应收账款。因此，领导命令我带领泰国当地销售人员进行不良债务的催收。

对我来讲，因为是第一次经历，所以对这项工作完全一头雾水。不管怎样，只能先到平时经常打交道的客户那里去要求他们付款。我饱含尊重地一番恳谈交心后，对方也只是敷衍我们，显然根本无意付款。对我这样一个初入行的销售人员来讲，这真的是非常棘手的工作。

然而，泰国是个处处讲"maipennrai"的国家。

"maipennrai"在泰语中的意思是"没关系，别在意"，使用的场合非常有趣。比如，在餐饮店，如果服务员不小心

第 1 章
做谨慎的乐观主义者

把汤洒到了我的裤子上,如果在日本,作为就餐客人的我一般会主动说"没关系,别介意"。然而在泰国却是把汤洒了的人先说"maipennrai",而且边说边向你微笑。一开始,我只是感到惊讶,也没说什么,后来习惯了才发觉这样反而让双方心里更舒服,因为会让人感觉很豁达。这是泰国文化中让人喜爱的一部分。

然而,在回收不良债务时,对方总是一副"maipennrai"的样子会让我们很难做。我们和对方好言好语说了好几次,对方无动于衷。到后来我们都是略带威胁地说:"如果不赶紧还钱的话,我们以后没法做交易了!"然而一切都进行得比想象中更困难,如果我们抓到要领可能会有结果吧。终于过了一阵子之后,欠款的回收有了进展。

显然,催收欠款很难说是什么有趣的工作。如果只是和对方说"赶紧还钱",其实并不能改变什么。不只我这样,其他泰国当地的销售人员也同样没有斗志,每天的职场氛围都很消沉。

这样太无趣了,我想更加积极地工作。因此我开始和部门同事商量:"我们不仅要回收不良债款,也开发下新客户吧?"最后大家总结了目标客户清单以及行动攻略,并向上级汇报。一开始,领导还非常惊讶,觉得仅仅回收欠款就已经力不从心了,再开发新客户,真的能顾及吗?然而对于公司来讲，这毕竟是一个有利的提议，所以上面也并没有太多意见。"积极一点做事总是好的"，领导立马同意了我们的提议。

这样一来，我的团队马上有了活力。虽然工作量骤增至之前的两三倍，我们因此也变得非常忙碌，不过大家完全不觉得辛苦。当时正值泰国全民向"有车时代"迈进，如果能抓住机会，市场需求遍地都是。到后来，因为我们收获了殷实的成果，所以感到工作无比有趣。

这世上根本没有"已经完成的工作"

这个时候我就意识到，如果只做被要求做的工作真的非常无趣。只有自己去主动发掘、挑战新的问题，工作才会变得真正有意思。

想象一下会产生的结果、会创造出的新的价值等，就足以让人觉得非常兴奋，一起共事的同伴也一定会对这些工作产生共鸣。像这样，大家一起齐心协力、全力以赴解决问题的过程，才是最有趣的。

从那之后，无论我被派到哪里，无论我在什么岗位上，都会想尽办法让工作变得有趣。不仅仅是完成被分配的工作，而是主动发掘出对工作开展有积极意义的课题，然后不断地去挑战。

第 1 章
做谨慎的乐观主义者

这世上没有所谓的"已经完成的工作",无论是业务系统搭建得多么完备的公司,一定还有可以改善以及值得做的事情。找到这些事情,充分研究,并向领导提议。如果是有吸引力的建议,周围的人一定会踊跃地来支援你,因为大家也都想做真正有趣的事情。

公司的组织体系一般而言都是非常完备的。实事求是地说,领导认可你的工作成果的那一瞬间,就是你"没责任"的时点。即使后续挑战失败了,那也是给你盖章的上司的责任。适时适地向领导汇报,与其联络、商量,只要尽了自己最大的努力,就不会有人去追究提议者的责任。

要让工作变得有趣,其实非常简单

要认识到一点,你所作出的任何改变,都不会使工作变得更无趣,有改变总要强于没改变。首先要去说服上司,估计有人会对此感到畏惧,其实没什么大不了的,也不需要什么特殊的胆量。问题的关键是,你的提议是否符合管理层制定好的企业战略。如果你的提议和战略相一致,那领导是没有任何理由拒绝的。

另外,因为是积极的提议,即使因为考虑不周全而被拒绝采纳,也不会因此而受到责罚,所以就更没什么好担心的。我经常提倡员工"在公司的天花板上凿洞",公司的天花板其实不是不可触碰的禁区。最好是不断地凿洞，让工作变得有趣起来，调动每个人的积极性与主动性。

当然，在实现自己想法的过程中，困难会一个个接踵而来。

不过，正因为是在年轻的时候，你的岗位、层级决定了你不可能去挑战什么特别重大的事情，因此根本没有必要担心。只要竭尽全力，上司也一定会助你一臂之力。即使失败，也因此会更懂得分寸，这是很有意义的尝试。

每天俯首于一米多宽的办公桌前，只去完成被要求做的工作，那这份工作岂不是太过无趣？年轻的时候没有积极地去挑战有趣的事情的人，随着年纪的增长，绝对不会突然发生有趣的事情。而且，对于无趣的事情，也没有任何人会想要主动帮忙。也就是说，这样绝对发挥不了你的领导力。

因此，我想提醒大家，在风险相对较小的年轻时代，大胆地去迎接挑战，这才是积累强大领导力的最佳实践。

05

不做最先提议的人就没有意义

搭上体系的便车最无趣

我从年轻时起就想做有趣的工作。

抱着这个想法,我一直不忘初心。每次被派到新的部门,积累了一段时间经验以后,我随时随地都在用心思考新的提议。如果不这么做,自己就会觉得很难受。无论是什么工作,只要积累了经验,我们就会掌握工作的流程以及技巧,但这仅仅只是"习惯了"而已,并没有让人兴奋的乐趣。

而且,仅仅是搭上了前辈们创立好的运作体系这个便车的话,其实自己并没有创造出什么,因此也谈不上可以独当一面。只要是做工作,就一定能发掘出有新意、让人耳目一新的想法。只有持续改善并创立出更好的体系,才是工作的本质意义。

因此，从小到文本的格式修改提议开始到对于业务流程的改善提议为止，要不断地踊跃提出新的想法。如果相关问题经过你的提议得到实际改善，周围同事感到开心的同时自己也很欣慰，这样一来更激发了工作的动力和积极性。因此，当我注意到一个需要改善的地方时，就会主动"举手"，成为最先提议的人，并养成了这种习惯。

无论成功与否，只要能坚持到底就有意义

大家当过几次"最先提议的人"呢？

我认为这才是决定你能否成为真正领导者的关键。

当然，追随他人的某项正确提议，作为"第二人""第三人"发挥作用也是非常重要的，但这并不是领导的工作。自己承担风险并成为"最先提议的人"，让周围同事产生共鸣，共同协作完成项目，这才是真正的领导力。

成为"最先提议的人"之后最重要的是将工作坚持到底。当然，在此基础上将项目做成是非常重要的，不过在年轻时，尝试才是最重要的，无论成功与否，都不是最重要的。即使你的提议最后以失败告终，但只要做到了坚持到底，照样会得到周围人对你的领导力的充分肯定与尊重。

我在年轻的时候当过无数次"最先提议的人"，当然也有很多次提议之后工作的进展并不顺利。因此我比他人能更

深刻地认识到这正是挑战的真正意义所在。如果只去做一些能确保成功的工作，就不能称之为挑战，正因为有可能失败，才可称之为挑战。

因此，当我成为领导之后，在评价那些做了有挑战意义工作的员工时，比起项目是否成功，我更关注他们是否将工作坚持到了最后。只要能够坚持到底，无论成败，他们一定会获得成长。而且，即使失败，下次再举手提议的时候，我坚信这些员工可以将工作坚持到底。因为成功事实上是一种概率论，不断地大胆尝试挑战的人才终会成功。

在漫漫人生旅途中，那些害怕失败且一直逃避做最先提议者的人，长远地看反而面临最大的风险。年轻时候就害怕成为"最先提议的人"，随着年纪的增长，更加不可能成为"最先提议的人"。如果担心这种风险，那么趁年轻时多去承担一些，积极主动地做"最先提议的人"才是最可取的。

不要对无心的话太过感情用事

年轻的时候，即使成为"最先提议的人"，无论结果如何，都不会发生什么太大的事。然而随着职位的上升，因为提议项目的规模会变得越来越大，相应的压力也会越来越大。

我多年来在做"最先提议的人"时，当然也经常受到质疑，"真是史无前例！""你究竟在想什么呢！"甚至有时会被怒斥道："你哪儿来的这些蠢主意！"有时关系不错的同事也会告诉我大家背后议论我的话："那家伙简直太意气用事了"，"总是异想天开，肯定会失败的"。

比如，在担任泰国普利司通 CEO 后不久，我在工作中就遇到了很多阻碍。那时，从新建第二家工厂开始，我又紧接着提议要在建设第二家工厂的同时建立轮胎测试场地。因为这两个都是需要大量投资的项目，所以作为"最先提议的人"，我承受了不小的压力乃至打击。

尤其在提议新建立第二工厂时情况更为严峻。

1990 年代初期，因为正值泰国和印度尼西亚开始将汽车的生产标准化之时，市场对于轮胎的需求呈现出激增的趋势。为了能够确保先于其他公司抢占市场份额，我意识到公司需要赶在竞争对手前面，建立技术、设备最先进的第二工厂，此任务迫在眉睫。然而总部对我的提议极力反对，"那家伙，到底在说什么啊！"

1985 年广场协议之后，由于日元迅速升值，总部的出口部门正为此而经受着巨大打击。当时的情况是，如果日元持续升值的话，日本国内的几家工厂都面临着随时倒闭的危险，所以总部极不愿意在这种时候冒风险作出大额投资决策。虽说我是泰国普利司通的 CEO，但也不过就是部长级

第 1 章
做谨慎的乐观主义者

别,对于我的提议,不少上级领导不以为然地责难道:"那家伙,知道现在是什么情况么?""这个时候出这种主意,太蠢了吧!"

说实话,我不可避免被这些无心的话伤到了,但在这种情况下感情用事也于事无补,毫无意义。相反,只要对自己的提议有信心,那么就不会因为一些无心的话语而动摇自己的决定。

对我来说,泰国和日本的国情是不一样的。如果日元进一步升值的话,我们需要革新从日本进口再卖掉产品的这种商业模式,转变为主要依靠在泰国当地生产的产品,就地销售。因此这正是需要提高泰国当地生产水平、增强泰国工厂自立能力的时机,对这一点我从未动摇过。在这种情况下,最重要的是需要努力获得懂你的人的理解。将此作为突破口,事情就一定会出现转机。

那个时候,我不再谋求所有人的认同,而是将目标放到了几位对海外业务颇有见解的领导身上,通过反复多次的"纠缠"说服了其中几位,不仅得到了"将资金调往泰国普利司通工厂"的许可,更成功得到了董事会的认同。在克服了重重障碍并完成了第二工厂的建设后,普利司通立刻就确立了泰国第一的市场占有率,进而为日后持续创造高收益奠定了事业基础。时至今日,有时我也会想,如果那个时候错

037

失良机的话结果又会怎样呢？

不仅如此，我一直呼吁员工"将泰国普利司通建造成世界模范工厂"以及"创造出功能性和设计感并存，且让大家都引以为傲的工厂"，凭借大家对此的积极回应，我们最终得以创造出如此了不起的泰国普利司通。因此，从那以后，我在公司内外都得到了应有的赞誉。

把"墙头草"当成你的新战友

第二工厂兴建之后，我想做的事情接踵而来。

其中一件就是要在第二工厂同时开建轮胎测试场地，建成后不仅可以供本公司进行轮胎测试，而且通过让员工实地测试不同型号的轮胎并感知其差异，可以进行轮胎故障的排查，总之会有很多重大的作用和意义。更进一步讲，如果将此轮胎测试场开放给在泰国拥有工厂的汽车制造商，那么比起其他轮胎厂商，我们和汽车制造商的业务合作会变得更加紧密和广泛。这样一来，随着公司的口碑与评价不断提升，最终也一定会再次扩大我们的业务范围。

然而，由于是前所未有的提议，不出意外再次遭到了总部的强烈反对。不过上报此提议之前我早已有了心理准备。所幸由于第二工厂成功创建，经过一些波折后最终还是说服了领导。在获得许可之后，泰国普利司通迅速完成了轮胎测

第 1 章
做谨慎的乐观主义者

试场的建设，最终也取得了和预期一样的效果。这样一来，曾经反对我的人都开始和我说："其实我们也觉得这是个好主意"，"果然，这些设施还是非常有必要的"。这些人可谓都是"墙头草"啊。

世道就是这个样子的。

谁都想和成功的人凑在一起。说真的，这就好比金钱的吸引力。不过，我对过去的事只字不提。因为做"最先提议的人"注定要承担很多风险，如果事成后过于招摇高调，可能会得罪更多人，所以最好不要表现得太过得意。想做成事，上策是要增加自己的盟友，所以这种时候只要莞尔一笑，表示接受即可。

如果被贴上了"真拿他没办法"的标签，那就意味着胜利

像这样，一旦积累了实力并增加了自己的盟友，那么自然而然地就会发生某种变化。

下一次在成为"最先提议的人"的时候，大家的反应就都会变成"谁啊？又是荒川吗？真拿他没办法"，"不过既然又是他，或许这事有谱"。曾经大家的反应都是"那家伙可真蠢"，现在却都变成了"真拿他没办法"。

像这样被贴上"又是这家伙啊""真拿他没办法"这些标

039

签之后，一切也就好办了。这样一来，从提议一开始，支持自己的人就渐渐变多了。"被贴标签"很容易被认为是负面的评价，但我认为这种标签多多益善。一旦这些标签到手，自己在团队内部的地位也会发生改变。

因此，在那之后，当我提议在泰国建立亚洲与大洋洲培训中心时，"又是荒川啊，估计他也经过了一番深思熟虑吧"，大部分领导层反而并没有提出太多反对意见。不过虽然如此，因为并不是直接和收益挂钩的项目，其实也并未得到太多积极的支持，是一种很微妙的氛围。

不过，我坚信培训中心很有必要兴建。

我认为这不仅可以成为能让普利司通员工感到骄傲的存在，而且通过有体系地培训与公司各层级业务有关的技术和知识，在提高公司员工技能水平和职业素养的同时，也能成为支持销售工作的前沿据点。从领导层到一线职员，我们会把作为交易方的经销商和零售商都吸引过来，通过向他们传达普利司通的业务方针、产品知识等，大力提升最前线的销售工作水准，一定会有更加长远重大的意义。

我为此向上级反复汇报，做了无数解释工作，并获得了几位董事的认可，然而最后还留下了一道难关，那就是当时的社长。我抓住各种各样的机会去表达和展示，但社长还是不为所动，只是一味地说"反对，不行"。即使如此，我还

第1章
做谨慎的乐观主义者

是一直不停地找机会,到最后社长一看到我就流露出反感的表情。

但是,对于我来讲,这是基于自己的深思熟虑而总结出来的提议,绝不能就此罢休。终于有一次,正好抓住了和社长一起坐车同行的机会,我再次提议。估计社长也实在受不了了,和我说:"真是烦死了,我知道了,那你就去做吧。"最终败给了我的坚持。

很明显社长并没有从内心真正的认同,我仅仅是取得了口头承诺,所以在这种情况下最重要的就是速度。趁着社长还对自己的承诺记忆犹新,如果不立刻做出决断,提议很有可能会被再次推翻。因此我立即开始着手办理公司内部的正式手续。此后这项提议就顺利推进了。

别想获取领导百分之百的认可

当然,获得批准只不过是开始。

无论如何都要让此项目成功,这也是对给予我信任的社长最好的回馈。基于此信念,我最终和员工一起建立了最棒的培训中心。其中尤为用心的是对于全球化理念的落实,比如我们也为穆斯林设立了礼拜场所,就像最初设想的那样,我们将培训中心建设成了无论是谁都能够很舒心的场所。

我们满怀诚意地邀请社长在开业典礼上剪彩并发表祝

词。可能和我们提前所做的各项充分准备也有关系，在里里外外考察过培训中心，并听完关于建设和运营支出的介绍与功能讲解之后，社长对我们的工作赞不绝口："原来你做了这么了不起的事情啊，这个培训中心真不错，我们在别的地方也照此建起来吧！"到此为止，社长对我们的所有怀疑都烟消云散了。

这个时候，我再一次意识到，想要得到领导百分之百的认可是不可能的。当然，我们绝不能做糊弄他人的事情，但只要对自己的提议有信心，即使没得到百分之百的认可，也要先获得言语上的承诺。最重要的是，尽快让对方体验到项目完成的状态。只要在这个时点获得认可，一定会最终收获领导的信赖。

汇报重要提议时要单独见领导

还有一点也很重要，向社长这样的掌权者汇报复杂、实现难度大的提议时，最好还是自己一个人去。

为什么呢？首先是避免连累其他人。有的人为了壮大声势，习惯于带着众多下属去向领导汇报提案，但万一提案被社长否定了，不只是自己，连下属也有可能被贴上"不行"的标签。

我很理解一个人面对掌权者时心里的负担和压力，但绝

第 1 章
做谨慎的乐观主义者

不可以让下属去一起承担这些风险。自己一个人去，即使被领导狠批，受影响的也不过是自己一个人而已。如果提议来自下属，那么下属也不会因此而受到伤害。作为领导，对员工的考虑和关心是非常重要的。

社长也是有感情的常人。如果自己一个人去面对的话，社长的抵触情绪也不会太强，会有听你谈谈提议的兴致。就我的经验来讲，如果把社长逼到看见你就烦的份儿上，再执拗地坚持说明一下，往往结果都会出人意料。

人们在做最终判断的时候，影响最大的关键因素是"觉悟"。一个背负着一切并下定决心要去提议的人，他说的话应该比任何人都值得信赖。

第 2 章

只有胆小者
才不会被淘汰

06
不要追求完美人格

"完美人格"也有破绽

大部分人可能都会认为优秀的领导都具有完美人格。确实，我迄今为止接触过的优秀领导，大都符合"完美人格"的人设。他们对所有人公平公正、心胸宽广又谦虚自律；他们不说任何人的坏话，且积极地应对周围的一切人和事，既有严厉的一面也兼备谦逊的品格。不可否认，这些人才是真正优秀的领导者。

然而虽说如此，也没必要去刻意追求完美人格。

为什么呢？因为这非常困难。我自己就是如此。我也是个普通人，碰到无礼的下属也会生气；如果下属连最简单的事情都做不好，我也会烦躁；在身心俱疲的情况下，我也会产生负面情绪。这都是最真实的、没有伪装的自己。

在这种情况下如果还要时刻提醒自己力争做到完美且

总进行自我反省，那么只会带来更深的痛苦和自责。与其如此，不如索性做最真实的自己，洒脱一些，这样不是更好吗？

要做真实的自己，最重要的是行为符合目的、言行始终贯彻初心。例如任命了某个部门的领导，目的就是让这个部门去完成既定的目标。这样一来，采取与目标一致的行为，摒弃与目标不匹配的言行，坚持到底，自然而然地就会具备相应的品格。

习惯性地责备下属不是符合目的的行为

比如说，当下属和顾客发生矛盾的时候。

我们经常会看到苛责下属的上司，这绝对不是"符合目的的行为"。

苛责下属是负能量最大的行为，也不能真正解决任何一个问题。下属工作出错，与顾客产生冲突时，首先应该适时适地处理矛盾，并将损失减小到最低限度，同时还要再次建立和顾客的信赖关系。因此，苛责下属纯属浪费时间。把"目标"抛在脑后，一味地对已发生问题的原因刨根究底其实没有任何意义。与其这样不如时常梳理一下自己的心情，沉着冷静下来后再次确认自己的目标究竟是什么，并以最快的速度回归"符合目的的行为"。

不仅如此，从长远的角度看，苛责下属也不是符合目的的行为。

因为这样一来，不仅是这位员工本身，就连周围看到此景的其他成员，在遇到问题的时候也会尽量避免向上司汇报，离心离德的职场氛围就此蔓延开来。

这会滋生更严重的问题，因为无论大家怎么用心地开展工作，冲突是很难避免的。重要的是，在问题产生初期能够做到齐心协力、共渡难关。然而，如果下属想要隐藏发生的问题，那么潜藏的矛盾只会越来越尖锐。一旦到了下属一个人无力承担之时，问题就会喷涌爆发，这样只会招致对公司和团队更沉重的打击。

也就是说，能够让下属放心地汇报问题，是作为领导的重要工作之一。因此，苛责犯错误的下属显然违背了采取符合目的的行动这一原则。

所谓汇报，就是汇报问题

每当我听了下属汇报的坏消息时，会这么问："果然该发生的问题都发生了，那接下来准备怎么做呢？"

可能会有人觉得我城府很深，其实不然。我也是普通人，内心也会抱怨："真是服了！""偏偏又在这么忙的时候出岔子！"不过，即使我把这些情绪显露出来也没有任何意义，反而难免造成氛围上的损失，我们应该做的是采取和目标一致的行为。

也就是说，正因为胆小，才能在下属汇报问题之时保持宽容的态度。如果无法解决的问题喷涌而来，那后果将更加不堪设想。因为无法做到每天心惊胆战地过日子，所以与其苛责，不如采取符合目的的行为来对待下属，这样会好很多。

在上任普利司通CEO后不久，下属向我汇报好消息时，我经常会说："那不可能，问题都会发生，这么好的汇报我不太敢相信啊。所以以后如果是好事的话就不用再向我汇报了。"当时大家都会露出不可思议的表情，但我还是不断地向大家强调："发生问题才是正常的，所以如果要汇报就汇报问题吧。"

如此一来，下属也很无奈，所以即使没什么特别大的问题，他们也开始告诉我一些他们所在意的事情。对此，我会冷静地和他们交流："这样啊，那你们计划怎么做呢？"在此基础上和大家一起共同研究解决方案，渐渐地下属也会放心地向我汇报问题，并且觉得这样做可能会更有效率。此后，公司里就流传开了，"社长不需要好消息，大家还是一股脑儿地汇报问题吧"。

其中也有人会自发地在意识到问题的发生之后踊跃思考

并尝试跟进相关项目的难题，看到这些我也松了一口气，对汇报问题的宽容激发了大家的工作主动性。

对于领导来讲，这些是非常重要的工作。通常，在发生问题的时候，下属为了准备如何解释原因就花费了大量的时间，反而把思考应对关键问题的方法放在了后面。或者说害怕汇报问题而形成了将此隐藏起来的公司作风。这些都是非常危险的。

为了避免以上情形，除了积极地对待问题以外别无他法。只要能做到这点，全体员工都会齐心协力地讨论解决问题的关键点，并能够充分有效地分配利用时间。这样一来，生产力不仅会得到显著提升，而且问题被掩盖的可能性也会大大降低。可以说，不苛责下属就是符合目的的行为。

贯彻符合目的这一原则就会催生领导力

喜怒哀乐，人之常情，不过要处理好这些情感也是一件不容易的事。

无论是谁，在人际关系上总有合得来与合不来的，因此也无法避免情感上的好恶。我也同样如此，既有合得来的下属，也有合不来的。说真的，确实也有员工让人感觉工作不得要领、相处困难，而且无论说什么总是负面反馈。对于这些下属，有时候我对待他们的态度也确实不大好。

不过我很早就意识到这是个严重的问题，经常想该怎么改变。

我不可能直接说"这个下属我不喜欢，赶紧给我换一个吧"。工作的最终目的是和团队成员一起完成项目。既然如此，就需要暂且将情感上的好恶置之脑后，首先考虑如何让每一位员工能够尽全力去工作，这才是解决问题的最佳途径。

所谓公司，不是公共集体，而是以利益为目标的集体。公司原本就不是以感情为基础而组成的团体，在这个场合偏要将自己的好恶表现出来，显然不大合适。所以与其折磨自己的情绪，不如将精力集中在目标的达成上。

任何人在完成让自己感到有价值的目标时，都会倍感喜悦。虽然大家都有自己的做事习惯，但这一点无一例外。

因此，作为上司，首先要做到的应该是对下属不掺杂任何个人情感好恶，即使强迫自己，也要做到公平地对待每一个人，不能让上司的偏袒对待影响下属的工作动力。

所以应尽量让下属去做能够发挥他们优势的工作，不遗余力地支持员工完成工作目标。只要员工坚信自己被全权委以有价值的工作，无论怎样有个性的人都会全力以赴并拿出切实成果。对于这样的下属，自己也会不自然地产生好感。只要贯彻采取符合目标的行为这一原则，就会自然而然地产生良性互动。

就这样,在团队合作进行得非常顺利的时候,某部门的领导和我说了这样一句话:"荒川先生,您和他(一位当时公认不好相处的同事)都能相处得来啊,可真了不起。"

说这番话的人,可能在"他"当上司的时候吃了不少苦头吧。同事虽这么说,但我丝毫没有产生不好的情绪。说实在的,有些时候我也对如何处理关系感到很棘手。不过在努力做到符合目标的时候,和那些被贴上"不好相处"标签的下属也建立了良好的关系,仅此而已。

几年之后,我从被调到"他"部门的下属口中听说,他很怀念曾与我一起工作的经历。说实在的,当时我的心情很复杂。虽然听到此番评论很开心,但能这么说大概意味着在新的工作环境中,他再一次被贴上了"不好相处"的标签。

当然,我认为他也确实有很多地方需要改善,因为所谓领导,其使命就在于调动所有下属的积极性。因此切忌轻易给下属贴上负面的标签,以免影响他们工作的主动性。

话虽然这么说,倒也没有必要为了成为这样的领导而逼自己成为完美主义者。只要能够努力坚持采取符合目标的行为这一原则,无论遇到什么样的下属,都能和他们展开良好的互动。

07

没有比伤害他人自尊更愚蠢的事了

敌意会从根本上抹杀领导力

没有比伤害下属自尊更愚蠢的事情了。

每当我看到对犯了错的下属大声呵斥,并对他们进行全面人格否定的领导时,我就感觉很不舒服,同时也感叹这是多么愚蠢的行为。

当然,对于那些工作态度有问题且总犯同样错误的下属,确实需要严厉指导。然而,这种情况下基于做事情的原则,重要的是要传达给对方什么是正确的、什么是错误的。如果跨越底线,说一些伤害下属自尊且否定人格的话,就是不折不扣的愚蠢行为。

为什么呢,因为自尊心是对作为社会性存在的人而言最重要的东西。

一旦自身的价值被否定,自尊心受挫,人们就会丧失归属感，从而失去立身的基础。人们对伤害自尊心的人会抱有强烈的敌意，这种敌意，会从根本上破坏领导力。

如果对方是很有权势的上司，下属不大可能直接表达这种敌意，但最后的结果就是口是心非。嘴上服从应允，心中却不以为然。上司对下属的服从可能会非常满足，但背地里大家都在消极怠工。下属面对作为敌人的上司，只能用这种消极的方式偷偷对抗。

向对方表达敬意才是一切的出发点

我初次注意到这一点是因为那些泰国员工。

对于那场纷争，追根溯源是因为我伤害了他们的自尊心。在工厂草创忙乱不堪之时，他们每天都在竭尽全力。然而，一方面他们对库存管理完全没经验，另一方面我却拼命想尽快拿出成果。

不仅如此，像我这样没有任何头衔和业绩的年轻人，突然出现在他们面前，又不分青红皂白将一切全盘否定，确实伤害了大家的自尊心，员工不发火反而不正常。因此，他们赤裸裸地开始消极怠工，我也因此被逼到了穷途末路。

不过，没头衔也没业绩对我来说可能是件好事。因为如果我已经是领导的话，大家可能会压制自己的情绪，对于库存管理，虽然不情愿但也可能会顺从我的指示。这样对我来讲反而没有机会去直面当时的问题，可能很久以后我才能意识到伤害对方自尊心的危害到底有多大，说不定到现在也浑然不知。从这个意义上讲，在那个自己没有任何头衔和业绩的年代，虽然屡屡碰壁且被逼到不得不发挥领导力的状况让人感觉很糟糕，但同时也算一种有积极意义的经历，因为领导力正是在直面问题的过程中学到的。

不管怎么说，那个时候我的态度发生了180度大转弯。

我在深刻地反省了被员工抵触的原因后，向他们每个人表达了真挚的歉意，并努力和大家进行谦虚的沟通。最关键的是向大家表达"我尊重你们每个人"，这才是一切的出发点。

从那以后，我非常用心地去注意不伤害任何人的自尊心。因为一旦自尊受损，对方就一定会产生敌意。这种敌意会从根本上破坏组织团队，并让所有努力付诸东流，这一点我深有体会。

三人行必有我师

上司了解下属需要3年，而下属看透上司只需3天。对于直属上司，下属每天都在观察着他们的一举一动。任何细小的言行，下属都在敏感地解读着。

因此，糊弄是不起作用的。无论上司怎样有意识地避免伤害员工的自尊心，但只要是敷衍，一定会被识破。

要明确区分对人和对事，这是必须遵守的原则和方向。对于工作，主要以结果为导向，对于没有拿出成果的下属，需要做出相应的评价。但即使评价比较低，说到底终究是对工作的评价，这和他的人格没有关系。

在公司里，职位的差别不涉及人格的差别，也不是本性的差别或是素质的差别。有时看到那些仅仅因为自己身居高位就自负自大的人，我觉得他们非常愚蠢。我想大多数人都和我有着同样的感受。

因此，与对工作的评价无关，尊重每一位下属，将他们视为和自己一样平等的存在，这绝对利大于弊。绝对不要因为这些事而被人看低，一旦在这些方面有了瑕疵，就没有办法再胜任领导这个角色，因为你在他人眼中的权威已经大打折扣。因此，尊重他人是作领导的必要条件。

但是，掌握这个度是非常难的。无论怎样注意，也会遇到一些复杂的情况，因此，要牢记"三人行必有我师"，这是与人相处的铁律。

我时常扪心自问，自己的言行有没有伤害别人的自尊心，而且也要问问有没有妄自菲薄，同时还要做到自律。从这个意义上来讲，细腻敏感的"胆小鬼"才能胜任领导这个角色。

08
优秀的领导都会倾听

是不是优秀的领导，一进会议室就明白了

究竟是优秀的领导还是糟糕的领导，只要看看这个人主持的会议就一目了然。

优秀领导主持的会议充满积极的氛围，参加会议的人都明白可以放心发表自己的想法，即使说了题外话也不会被斥责，因此整个会议的气氛都是非常活跃且积极向上的，同时在各抒己见的过程中也会碰撞出新的火花。因此，在领导下达结论的时候，大家的接受度都很高，团队也能够良好地践行会议决定。

糟糕领导主持的会议弥漫着沉重的气氛。我们经常看到的是，要么领导一个人当主角，要么就只有领导信赖的几个人在发言。其他人只要说点什么就会被从各种角度否定，或者说话的时候被打断。结果就是大家都畏首畏尾不敢发言，但这样一来又会被领导责难："公司不需要不发言的人。"会议气氛注定是死气沉沉的。

如果下达只靠几个人的意见而得出的命令，其他人也只能是极为不情愿地、被动地服从。这种形式的会议，无论开多少次，也不可能滋生出有活力的团队合作。

做决定全凭一己之意，必然会导致这种结果。刚愎自用、自负自大的人，不可能听得进他人的意见，他们总有"我来教你怎么做吧"这种高傲的想法，必然导致沟通无效率。

虚心乃至"怯懦"一些准没错

对于组织中的各项业务，没人能全知全能，领导自然也不行。

做业务和参加考试是完全不一样的，凡是考试肯定有确定好的正确答案，但业务没有唯一解。商业环境风云变幻，过去成功的方法论不一定通用，昨天的答案并不适用于今天，这就是现实。

商业就是投入资源获得回报的活动。也就是说是否有回报，到了未来才会知道。然而，并没有人可以预知未来，所以在商业活动中不可能有知道"答案"的人。

想成为优秀的领导者，需要清楚一点：必须胆小谨慎，要时刻持怀疑态度扪心自问，反思这个问题：自己想的就一定对吗？

只有具备这样的心态，才能虚心听取下属的意见。认为自己并不知道"答案"的领导，怎么可能妨碍开会时下属自由发表意见呢。比起自己讲话，倾听下属各抒己见，才能集中精力找到解决问题的最佳方案。

当然，敞开心胸倾听也并不意味着无所作为，下属想怎么说就怎么说。

赋予团队秩序并不意味着领导专制。重要的是，平日里领导要引导员工在正确的目标驱动下工作，而且要不断鼓励员工为了目标全力以赴。只要拥有正确的目的意识，且能认真对待工作，那么他们的发言就一定会为团队贡献力量。这样，即使领导不过多地掌控会议而让员工尽情发言，也没必要担心会议会偏离议题的轨道。

所有下属的意见都值得倾听，如果是新进员工，正因为还没有被公司的潜规则亚文化所影响，所以可能会注意到一些老员工遗漏掉的问题。或者，在工作一线直接和客户接触的年轻员工，也可能会提出一些领导没经历过的切身感受，其中一定潜藏着对领导有意义的线索。

我们还应该更多注意那些有影响力的专家的言论。不过，假如团队里有人想要以年龄或业绩来论资排辈、掌控会议现场且无视他人的话,这个人才是真正的干扰者。作为领导,有必要适时制止这样的倾向。

跨国企业的沟通问题

并不是只有人才会破坏轻松发言的氛围。

我担任普利司通 CEO 时,发现妨碍大家自由沟通的还有语言。

普利司通作为大型跨国公司,在国际会议上的通用语言是英语。英语母语国家的英美人有轻视非英语母语的亚洲人以及近东人的倾向。

并不是说英美人有什么大问题,只是因为非英语母语国家的人在讲英语时不太自信,因此会尽量避免在会议时发言。由此造成根据英语的流利程度来决定由谁来参加国际会议,或者在开国际会议时大多数发言人都是英美人这样的结果。由于这种微妙心理的负面作用,畅所欲言的讨论氛围受到严重影响。

然而,我们的目的不是为了说漂亮的英语,而是通过用英语这个交流工具来沟通并解决在全球业务中存在的问题。因此也没有必要非得说一口漂亮的英语。

虽说普利司通在全球有超过 14 万名员工,但能够说纯正地道英语的,据我所知没多少人。能说流利纯正的英语固然是好事，但这和能否有好的提议其实并没有太大关系。重要的是让所有成员都能够参与到讨论中来，并让大家自由发言。只要能将有内涵的内容自由地表达且传递给对方，这就足够了。

因此，即使有口音或者偶有语法不合逻辑也无所谓，只要能表达清楚就可以了。在普利司通，我们的目标是"让全体员工充满自信地讲英语"，摒弃"必须讲完美英语"这种给人带来困扰的想法。

这种应对方式取得了良好的效果，曾把讲英语视为畏途的非英语母语国家员工也开始积极地发表自己的意见，更让人欣慰的是，我们也因此能更深入地了解全球各地分公司领导的想法。我确信正是因此，普利司通向成为真正的跨国企业迈出了坚实的一步。

09
怎么说话很重要

所谓的交流并不是传达

语言是领导的重要武器。

日常生活中的语言固然重要,但对于关键性问题,怎样表达往往左右着公司的发展。明确传达公司的方针政策,可以鼓舞员工的士气,是否能做到这一点,是衡量领导力的关键所在。

有人会对此产生误解。他们始终坚持传达"想传达"和"应该传达"的事情,尤其是那些认为领导自然高人一等的人,这种倾向更加明显。因为他们认为"下面的人"就应该对"上面的人"言听计从,所以会不以为然地说一些自以为是的话。而且如果"下面的人"没有对他们事事顺从,他们非但不自我反省反而会责备"下面的人"。结果整个团队士气低沉,公司也没有办法正常运转。

所谓的沟通并不是"传达"。

"传达到"才可以说是沟通。这是对所有人际关系都适用的准则,也是领导在面对员工时必须遵守的原则。

因此,在斟酌言语的时候,一定要站在对方的立场去思考问题。不是单纯将自己想说的话直接表达出来,而是要努力做到让对方更容易理解、印象更深刻以及能更好地实践。领导在发言的时候,一定要仔细留意这几点。

话语要言简意赅

尤其在一些关键场合,发言更要仔细斟酌。不过话虽这么说,也不是说处处要像发言人一样严谨,没必要对语言精雕细琢。需要做到的是,明确应传达内容的本质,然后将其转换成言简意赅的语言。能做到这一点就足够了。

第一要素是要"言简"。

谈起任何事都滔滔不绝说个不停,大家理解起来就很费劲,更不可能牢记于心。要通过简练的话语产生影响力,而且对关键词要着重重复,最终渗透到整个团队中去。

比如,我在担任普利司通 CEO 时提出的目标是"四倍速度"。新兴市场国家的轮胎制造商因为规模小所以运转很快。因为担心普利司通被甩在后面会遭受到致命的损失,我向大家提出了这样的目标:"竞争对手都在以两三倍的速度来运转，如果我们拿不出四倍速度的话，根本无法与之抗衡。"

提出目标的初衷是贯彻效率经营，但是只讲"效率经营"听上去缺乏能量。因此我按照自己的想法提出了"四倍速度"的口号。比起"加快速度"，带有数字的表达会更明确、更有号召力。而且如果提出"二倍速度"，也并不能催生紧迫感。所以我在"二倍速度"上再翻一倍，选择了"四倍速度"的口号。

如果感觉到下属行动迟缓，我会持续向他们强调"四倍速度"。因为"言简"，所以员工听好多次后，一定会定格在脑海里。而且，正因为言简，说起来也不费劲。这样一来，自然而然"四倍速度"就渗透到了团队中。话语一旦深入人心，大家会在脑海中形成必须提高效率的意识，进而逐步改善行动。

危机时要明确选择

在遇到危机时传达意思更要简练明确。被逼到穷途末路之时，如果接收到"这也重要那也重要"的信息，员工只会更加混乱。所以一定要用言简意赅的语言传递什么才是最重要的，然后使大家的力量都集中到这一点。

在担任普利司通欧洲分公司 CEO 时，我曾明确地和一个下属公司 CEO 讲："不要考虑营业收入以及市场占有率的问题，最关键的是要集中精力将收益搞上去。"

本来，业务的推进是要考虑到营业收入、市场占有率、收益等指标的。即使公司完成了营业收入以及净利润指标，但如果市场占有率持续下滑的话，业务迟早会陷入严峻的境地。对于像轮胎这样要靠规模效应决胜负的行业更是如此。因此，从担任泰国公司 CEO 时起，我就不断地提醒员工不要忘记市场占有率。

然而，欧洲分公司当时的整体财务状况非常严峻。其中拖后腿的就是前面说的那家公司，因为当时该公司濒临破产，我们不能为了维持营业收入和市场份额而使经营亏损，所以无论如何都要先专注于将业绩扭亏为盈。

因此，我明确表达"可以舍弃销售和市场份额，后果我来承担"。我决定了即使业务规模变小，也要将其先转换成完备的事业部门，明确了事业发展的优先顺序。销售以及市场份额，等我们站稳脚跟后再挑战也不迟。

这样一来，下属公司的总经理毫不迟疑地把所有精力都集中在了确保收益这个目标上，结果避免了最糟糕的事情发生。我再次深刻认识到，站在公司发展的转折点上，领导发号施令必须简洁明了、突出重点。

领导要有舍弃的觉悟。在紧急情况下，无舍即无得。为了有所收获必须得先学会舍弃。用刚才的例子来说，如果不舍弃营业收入和市场份额，是没办法取得收益的。

而且，能够决定"舍弃"这件事的也只能是高层领导。如果发生任何问题，自己必须背负全责。但若因为逃避责任而说一些模棱两可的话，最终招致情况恶化，只能说是心态和能力不足的表现。为了在紧急时刻能够发出有效指令，做一个时刻警觉、做好最坏打算的"胆小鬼"才是最重要的。

不断重复理所应当的事情

关于作为领导向员工讲话，还有一个要点。比如新年伊始对员工的问候语，在这种时候，我们需要不断重复类似于原则原理这些理所应当的事。

实际上，我每年给员工的新年祝词可以说是毫无趣味可言的。可能有很多员工会想"每年讲的都一样啊"，但我认为有必要这么做。领导是体现公司根本价值观的存在。如果领导每次讲的内容都不一样，那么公司整体共享的价值观会变得不明确。

如果是机灵的领导，可能会夹杂着当下的流行语给员工听上去倍感亲切的问候。然而过几年后，大部分的流行语并没有对公司产生任何影响就随着时间的流逝褪色了。为了刻意取悦员工而讲流行语,显然意义不大。

　　业务的核心是不会随着年代而变化的。说着当下的时髦词汇、流行语可能会使人看上去很风趣,但这说白了不过是出自肤浅的私心。比起这些,朴实地讲述一些理所应当的话,才能推动有价值的经营。

10

坚守原则和底线

偏离原则和底线，一切都将瓦解

做业务是有原则和底线的。

这里说的并不是难懂的道理，而是诸如"诚实守信""品质第一"等再常见不过的道理。然而，一旦做了有损于这些原则底线的事情，那么你过去构筑的一切将土崩瓦解，自己的公司或者工作本身都会被整个社会否定，毫无疑问，原则和底线是非常严肃的存在。

然而，尽管如此，现实中忽视原则和底线的事例也屡见不鲜。财报作假、偷工减料每天都在商业社会中上演。所有这些每天被报道的问题都是践踏原则和底线的结果。更甚者会使公司陷入存亡危机中。

为什么会发生这些问题呢？

有很多不同的解读，但我认为，大多可归因于领导的处事方法。团队最终的决策都在领导层面，因此无论发生什么情况，都取决于领导是否严格遵守了这些原则和底线。这也从根本上决定了公司的存在模式。

恪守原则和底线，说起来简单做起来难，因为在工作中经常会有截然相反的价值观相互碰撞。

比如，利益和品质。为了全面推进业务的发展，必须要保证收益。因此要尽全力做到降低成本、提高收益。正因为有这种锲而不舍的努力精神，才能创造出新产品和服务。

然而，在经营状况恶化的时候，脱离正向努力的因素就会开始作祟。例如想要通过降低品质来节省成本、提高收益。我能理解这种想法，因为对于经营者来讲，收益是最重要的指标，担心收益下滑，所以无论如何也要创造收益，这是所有经营者共同的愿望。

但这是很危险的。因为工作是基于客户的信赖而存在的，如果以"品质至上"作为公司目标的话，那么就绝不能偏离原则和底线。如果在这一点上有所动摇，公司就会变质成唯利是图的组织。结果就是短期内可能获得了一定的收益，但因逐渐失去了客户的信任，长远来看也只能走向衰败。

半途而废会使人犯大错

做出错误判断的原因经常是害怕某种后果。

第 2 章
只有胆小者才不会被淘汰

如果没有收益的话,现金流会就变差,也可能会遭到股东责问以及金融机构的严厉追究。因为害怕而逃避,最终可能践踏原则和底线。看起来,"胆小鬼"才会犯这样的错误。

但我认为这并不等于说错在"胆小",而正是半吊子的胆小鬼才会犯这样的错误。没有收益确实是大问题,然而这是做正确的努力可以解决的问题。暂时可能会经受一些挫折,但只要公司发展的方向正确、组织健全完备,完全可以挽回。

有些时候,即使偏离了原则和底线,可能问题也不会在某个时点立刻显现。换句话说,这会让有的人相信,即使偷工减料,如果不被发现其实也不会出什么问题。正因为如此,那些担心收益减少的企业管理者才会想以这种方式来逃避。

然而,这会让公司陷入危险的境地。

大家会逐渐丧失工作本身的尊严和荣誉感,团队的光环也会被击碎。而且这样做,就无疑等于放弃了改善公司经营状况的正确努力。公司会从根本上开始腐烂。当这些不正当的行为被曝光的那一刻,一切都将土崩瓦解。

还有比这些更让人担心害怕的吗?我自己是绝对没有勇气做这些事情的。正因为是胆小鬼,才时刻注意不偏离原则和底线。这些强烈的恐惧感才是推进我工作的强大原动力。

安全第一

我作为普利司通 CEO 时，严格贯彻执行了这些原则和底线。

比如说安全第一。世界各地的工厂都醒目地悬挂着"安全第一"的标语，这是理所应当的，因为珍视生命是企业活动中最根本的原则和底线。

把员工暴露在危险境地的同时还想要追求利益，这是不符合人道主义精神和商业伦理的。在这种公司，不可能有人脚踏实地地工作，万一发生了事故也根本无法挽回，而且也一定会受到社会的严厉制裁。

另外，我认为只要在同一家公司工作，那么要尽可能给大家提供统一的职场环境，这是我的原则和底线。白领在安全的办公室里工作，蓝领却要在危险的工厂，这是明显的不平等。因此，给工厂和办公室创造同样的安全工作环境是企业管理者的责任。

然而，想要实现这个目标并不是件容易的事情。

无论在哪家工厂，安全第一都被不断强调并积极宣传。但想要实现彻底的安全是很难的。因为包括每位员工的安全意识问题在内，有很多错综复杂的因素。而且对于每一个问题，由于相反的价值观在起作用，解决起来非常困难。

对于设备来讲更是如此，说得极端点，都需要花钱。为了消除危险，仅仅是设备改善就需要投入大量的资金。或者有可能需要置换整个工程，或是需要重建工厂本身。这样一来，更需要大额投资。也就是说，安全第一和收益至上是两个相矛盾的价值观。这是我从多年的工厂经验中耳濡目染学到的。

因此，我在就任CEO时就下定决心，无论被怎样的收益指标所压迫，既然是安全第一，那么比起收益、交货日期以及其他任何事项，都要最先考虑安全，我也将这一理念明确地传达到全公司。

原则和底线是万能的判断标准

某家下属工厂因一次意外发生了设备故障，我当时得到的汇报是，如果停止生产，也会影响到其他工程，所以最坏情况下可能会导致上亿日元的损失，但是如果不停止生产，就不得不进行标准作业以外的、具有一定风险的人力操作。

当然，我立刻下令停止生产，并进一步明确指示，无论发生什么都要保证安全第一。既然要确保安全，就不要在意会损失多少金额，马上停止生产。另外，为了确保安全，需要制定计划并积极投资完善设备。

出现大额损失以及投资金额的不断增加，对公司经营来讲确实会产生负面影响，但是践踏原则和底线带给团队的负面影响将更让人担心和害怕。因此，我毫不犹豫地作出了理所应当的指示。

无论因为什么理由，一旦领导者开始不将原则和底线放在眼里，团队就会变得松垮，且谁都不会再相信"安全第一"这条原则和底线。这样一来，不仅是团队整体的安全意识，就连其他的原则道理都会从根本上发生动摇。这些事情才是领导真正应该担心害怕的。

仅此一条，但对于企业经营来讲原则和道理就是不可动摇的存在。

如果将原则和底线定义为对经营的"限制"，无疑也是错误的，倒不如说它们是帮助领导者做出判断的指针。

原则与底线内化于企业运营的价值观里，没有必要变更，而应将其作为万能的基准。无论价值观怎样冲突，只要参照这个万能基准，如何取舍一目了然。而且正因为是"理所应当"，就具有无论在哪里、无论什么时候、无论什么人都适用的普遍性。

正因为珍视万能的基准价值，在我任职期间，即使发生雷曼兄弟公司破产以及东日本大地震这样前所未有的灾难，公司也没有陷入更严重的危机，为了确立名副其实世界第一的地位，我们在这段时间得以完成相应的改革。

但这并不等于说因为我是坚毅的人才能坚守这些底线和原则，其实是因为自己胆小，而且不是半吊子的胆小谨慎。我并不畏惧牺牲眼前的利益以及营业收入，而是从心底害怕那些会让公司和团队陷入绝境的状况发生。因此，对于原则和底线，绝对不能退让。

我想告诉年轻人的是，不要成为半吊子的胆小鬼，而要成为真正的彻底的胆小鬼。

11

做一个不惧嘲笑的胆小鬼

胆小谨慎是种美德

那些总嘲笑别人胆小的人必有失足之时。

因为世界总是充满着不确定性,一步天堂一步地狱。什么时候会发生什么事情,谁都无法预测。无论现在多么顺利,不知何时情况就又会发生变化。如果对于未来预估得太天真而散漫工作的话,可能一瞬间就会陷入穷途末路。这就是这个世界的规则。

因此,对于领导者来讲,胆小即美德,领导者比任何成员都更应该用谨慎的眼光去观察周围的世界。预先想到所有的危机而采取措施,能快速捕捉到环境变化的迹象而采取对策。如果不是胆小谨慎的领导,就没办法让公司继续生存和发展下去。最重要的是尽可能提高胆小谨慎的敏感度,努力做到风险最小化。

第 2 章
只有胆小者才不会被淘汰

我深刻领悟到这个道理是在担任泰国普利司通 CEO 时。

就像我前面已经叙述的那样,在建造第二工厂时,拿到日本总部的批复实属不易,但当时我还提出了"将资金调配到泰国普利司通"这样的条件。这样一来,我们得到了在泰国日系金融机构的融资,然而当时泰铢的年化贷款利率高达百分之十几,因此我们将币种换成了贷款利率只有泰铢一半的美元。

问题在于外汇风险。当时泰国的经济增长非常显著,泰铢对美元一直走强,不做外汇风险锁定而持有美元看起来是完全没问题的,做了锁定外汇风险交易的话反而会使得资金的使用成本变高。因此,当时很多泰国本土的优秀企业以及在泰国的日本企业法人都不做风险锁定而大胆地使用美元。

然而,我认为这样很危险。因为根本不知道什么时候会发生什么意外,我做了全面锁定外汇风险的选择。周围的经营者中有不少人嘲笑我的做法,他们的理由是,泰铢这么强,而且预计未来还会走强,用美元还款的时候,还款金额有可能还更少。他们一直直接用美元,因此完成了很多低成本的大型投资。

然而,外汇损益本来就和我们的本职业务没关系,这压根不是我需要重点考虑的范畴。比起这一点,更重要的是增强企业抗风险能力。只要在本职业务上稳稳盈利,即使没有外汇差价依然能完备地经营。比起外汇盈利，我们更应该担心的是实业的收益是否会因为外汇损失而付诸东流，因为这相当于背叛了在工厂拼命劳作的员工。一线员工的工作热情是公司发展的原动力，我绝对不允许任何伤害员工热情的事发生。

不久之后，我最担心的事情还是发生了。泰铢突然暴跌，引爆了亚洲金融危机。当然，那些没有做外汇风险锁定的企业都蒙受了巨大的损失，我虽然也没有精确预测到会发生此等事情，但因为自己的胆小谨慎反而使公司没有受到任何损失。因为可以稳稳地在泰国提升自己的业绩，也能没有压力地应对银行贷款的归还。

比起眼前利益，要优先练好内功

这次动荡给我留下很大的教训。

商业是无法预测的游戏，这个世界上根本不存在任何一个主体，能完全掌控地缘政治变化、经济形势、股价、外汇等外在因素。因此，对于世界变化的动向我们必须做到胆小谨慎。

但是，所谓的经济活动说到底也不过是人为的经营活动。正因为是人为的活动，所以有必要建立规避人为风险的方案。对于外汇风险的这种无法预测性，银行有很多锁定风险的工具和方法。通过这些"笨拙"的方法，就可以规避很多风险，也就是说可将风险掌控在自己手中。

然而，在跨国企业的经营者当中，有些人也会将营收以及利益的减少归结为日元走强，但在我看来这只不过是借口而已。因为外汇风险的存在本身就是以商业行为为前提的，因此我们要建立即使1美元兑换70日元这种极端环境下也能正常运作的公司架构。

我在负责海外业务的时候对此想法坚定不移，我们不能由于外汇波动而影响到对于海外事务部门的业绩评价。因此即使日元走弱而增加了营收和利润，也只能看作是意外之财。不应该把偶尔获得的外财当作靠实力赚得的，而应时刻站在"如果美元日元汇率极端高企的话业绩会怎么样"这个角度来思考问题。这样一来就能专注于打磨修炼自己的内功。

不只外汇如此，我认为这对所有的经济现象都普遍适用。从这个意义上讲，和那些"靠天吃饭"的农民比起来，我们从事的商业行为可以说是非常简单的了。重要的是用胆小谨慎的眼光来观察世界，为了能让风险掌控在自己手中而竭尽所能、想尽一切办法，这才是作为领导应该发挥的作用。

如果遇到强劲竞争对手，就主动改变战场

我们也必须对竞争对手的动向保持时刻警惕。

在全球竞争白热化的轮胎行业里，世界范围内的轮胎制造商时刻在你追我赶。普利司通在2005年超过米其林，市场占有率达到世界第一，然而即使如此也不敢有任何懈怠。因为突然间，新兴市场国家的企业或许就可以以更低廉的成本来进行商品投放，抑或大型企业间的并购项目也会使其市场占有率瞬间提高。所以如果不能用胆小谨慎的目光去审视这些动向并迅速反应的话，有可能一瞬间失足而使结果无法挽回。

我在担任CEO期间最关注的一件事情就是新兴市场国家企业的崛起。虽然在企业规模上它们居于劣势，但其对于市场动向却反应灵敏。而且由于人力费用很低，所以在价格方面也有很强的竞争优势。从速度和成本的角度来讲，它们时刻威胁着普利司通等大型跨国企业。

于是，我提出了"四倍速度"的口号，强烈要求全球员工提高工作效率，我不断鼓励大家不要给任何新兴市场国家的企业见缝插针的机会。

但我明白这还是有局限性的。

比如说已经商品化且被广泛使用的乘用车轮胎，在这个领域要继续压制新兴市场国家的企业是非常难的。当然，对于随着小轿车的增加，轮胎的需求量也随之增加的领域来讲，需要竭尽所能维持市场份额。但是如果和新兴市场国家的企业采用同一种经营模式，那么未来也只会是危机重重。因为新兴市场国家对于该领域的轮胎需求越来越大，它们在销售上占优势也是不争的事实。如此一来，我们就不能继续和他们维持这种不利的竞争，而有必要考虑改变战场。

业绩向好时，更要保持胆小谨慎

对于新兴市场国家，我们的优势是什么呢？

首先，从原材料的生产到成品轮胎，所有的工程都是我们自己的公司完成的，这是在企业生产能力方面处于劣势的新兴国家企业所完全无法匹敌的。因此，如果能积极在新型材料的开发等基础研究方面加大投资并引起技术革新的话，就应该能完胜新兴市场国家的企业。所以，我预先描绘出未来十年二十年后的情景，最后决定对基础研究开发进行长期投资。

其次，我们不针对已经商品化且使用广泛的乘用车轮胎，而是针对对技术有更高要求的高性能乘用车轮胎或者特殊轮胎等确立技术基础和销售途径。通过进一步强化此优势，在新兴市场国家的企业没办法模仿的领域里提高收益。

这样，我们对新兴市场国家的企业带来的威胁有了明确的战略对策。通过改变战场而脱离了与对手的缠斗，并且进一步在成长为高收益的事业主体上，重新成为舵手。

当时，周围很多经营者都说："荒川先生，你想得还是挺到位的。"其实只是我担心到位而已。对于潜在的危机，如果在其充分显现之前没能行动，那么一切都为时已晚。因为正是在经营状况良好时，对于风险才更有可能主动出击并想出对策。如果在发生危机之后才去应对，那么也只能是被动地亡羊补牢。最终，被危机吞噬的风险就会大大增加。

为了避免这种事态的发生，领导不应该沉醉于业绩顺利发展的时刻。正因为顺利，在公司稍有浮躁之时才更应该用胆小谨慎的眼光去审视周围，并且要尽早洞察即将到来的危机，第一时间出手准备。这才是优秀领导的必备素质。

第 3 章

因为总是担心，所以强大

12
领导并没有为公司挣一分钱

被一线员工抵制，那就是领导的失职

"拿出结果来！"这是领导对工作在一线的员工经常说的话。

当然，因为只有拿出结果才能视为完成了工作，这话本身没什么错。但对于这种说话方式，我感到很不舒服，因为任何人都可以这么说。

给一线设定目标，管理其完成进度，如果没有完成就强行施加压力，要求"赶紧拿出结果"。如果仅仅如此，无论谁都可以做到。既然自己做的仅仅是谁都可以做到的事，那么却要求他人"拿出结果"，这是非常不妥当的。

"要不你来做吧！"这是我到了一定职位之后，现场员工情绪激动之下当面顶撞我的一句话，让我印象极为深刻。那是他们在被总部强行要求"赶紧拿出结果"的压力下所说的，我当场哑口无言。是啊，我不能做一个只会传递这种压力的领导。

没有完成目标这件事，现场的员工也很清楚，他们同样也在拼命地想办法，努力地工作。然而即使如此，非但没有得到来自领导的明确指引与帮助，反而被逼着"赶紧拿出结果"，不难想象他们的真实心声。"要不你来做吧！"这句话我留下了非常深刻的印象。

在这一瞬间，领导就沦为反面角色。

从那些在前线拼命劳作的员工来看，自己安坐办公室却对他人颐指气使的领导，就如同施加暴政的坏人，是没人愿意真心追随的。进而，如果在远离一线的总部过多设立组织架构的话，就犹如铜墙铁壁般，让人徒增做事的无力感。这样，不但会让一线员工产生懈怠，也会使公司整体陷入一潭死水的状态。

不亲自示范就无法发挥领导力

这是我从过往的惨痛经验中领悟到的真理。

在泰国普利司通负责库存管理时我有过这样的相关经历，那时我就处在"坏人"的角色中。对于工厂的情况明明什么都不知道，却一味强势地要求大家做库存管理。他们大概心里也在想"你行你上"吧，因此对我产生了强烈的抵触不满。

　　我意识到如果不和大家共事且打成一片的话,任何事情都不会有进展和改观,因此我积极投身到工厂的工作中去。刚开始就像实习一样,边听泰国员工的指挥边四处奔走,不过在逐渐明白大家的工作流程后,我就注意到了堆积如山的小问题。

　　比如库存管理簿。

　　库存管理的入库和出库数量虽然分门别类记录在库存管理簿上,但大都是杂乱的信息,字迹也非常潦草,根本看不清写的是什么。原因在于没人重视管理簿,它自然形同虚设,用胶带固定在货物旁,写的时候下面要么垫着凹凸不平的轮胎要么垫着自己的手,写出来的字根本无法辨认。

　　因此我想了一个对策。

　　我在每份库存管理簿下面垫了一块板子,这样一来就能够把字写得非常工整,大家也乐意认真记录。像这样,在解决个别具体问题的过程中,我能感觉到大家看待我的眼光也渐渐发生了变化。

　　此外,一旦发现问题,就开始想方设法解决。这样一来,工作也变得轻松了,库存管理开始走入正轨,大家的热情也逐渐高涨起来。渐渐地,泰国员工也改变了对我的态度,时常对我说:"你小子挺能干啊,还是听你的比较靠谱。"能改变大家对我的看法，这可以说是我第一次发挥领导力。

理解那些不得已的事

我多次体会过现场的不容易。

被外派到土耳其的时候就有一次，虽然我们和合作方已经签了订单合同，但当地的买家还不时会出现毁约的情况，为此我非常苦恼。虽然我不停地追问："你们在合同上已经签字了啊？！"对方依然无谓地回复："当时我确实说服自己签了字，但考虑了一晚上还是觉得算了吧！"这真的困扰了我好久，让我无所适从。

然而比这更让人苦恼的是来自日本总部的压力，我不停地被责问道："到底怎么回事？到底有没有好好签合同？""为什么不迫使他们按照合同行事？"当然，这些质问的内容无可挑剔，但这都是总部基于西欧式的商业惯例而提出的问题。

但是现实并非总是如此。

无论怎样，当时在中东和近东，因为有些地方没有形成完整的西欧式契约概念，所以签约之后的合作也无法按照我们预想的步骤开展。即使我们去法院诉讼，但因为会牵扯到习惯法，所以很明显，我们根本没有胜算。所有这些都是无法凭我一己之力简单解决的问题。

而且当时外派在土耳其的只有我一人,因为不得不单枪匹马孤军奋战,所以更加痛苦和艰难。我很多次真的特别想和总部说"要不你们来做吧"。

即使我多次强调当地的实际情况,希望总部能够理解,但因为日本总部的领导无法切身感受这个国家的现实,所以也无法体会我的处境。最后我只能痛下决心,凭一己之力来解决。

只要我被派到海外,就一定会遇到这些问题。

总之,我想要表达的是,前线有前线不得已的事。奋战在一线的员工,比其他任何人都明白难点所在。然而对那些远离一线的人来讲,因为没办法切身体会这些情况,所以会不断苛责前线人员,如此一来就会产生矛盾。

领导不是指挥现场,而是要支援现场。我们在看大部分公司的组织架构图时,都会看到社长在最顶端、前线员工被放到最底端这样的三角形,这就是造成误解的源头。因为这种理解完全和事实相悖。实际上产出业绩和收益的往往都是前线员工,领导并未赚得一分钱。所以,我们应该认识到,一线才应该被放在组织架构的顶端,而处于底部给予其支持的应该是领导。

13 不了解现场的人无法做决策

牢记"三现"

现物、现场、现实。把握这"三现"是在工作中取得成果的不二法则。如果在年轻的时候没有将其铭记于心，很难成为优秀的领导。

当然，职位越高离一线就越远。虽然空间距离上没办法体会所有事物的"三现"，但至少要对现实抱有些许不安。因为不安，所以在时间和体力允许的范围内会尽可能地体会"三现"，否则将无法胜任领导工作。

我第一次意识到"三现"的重要性是在我进入公司的第二年。

在公司的库存管理走上正轨后不久，厂长下令说："请考虑一个能发挥实质作用的劳务管理机制，然后给我答复。"当时，泰国的工厂和日本的工厂采取的是同样的出勤管理方式，

第 3 章
因为总是担心，所以强大

都是将出勤卡插到机器里，然后将上下班时间打印在上面。

不过，这种出勤管理方法在泰国并不起作用。虽然出勤卡片上显示着大家都来了，但实际上来的人很少，而且好像还有非员工者混在其中，这样下去公司根本没办法好好运营，因此领导命令我必须解决这个问题。

当时我虽然负责劳务管理，却是一个连"劳"字都不理解的新人。首先需要了解原因，于是我开始仔细观察员工每天从出勤到下班一整天的行动。观察一周之后，我明白了问题所在。

首先是"代打卡"，也就是一个员工帮其他好几位同事打卡，所以会出现实际出勤人数很少的情况。或者就是"转包"，员工本人并没有来上班，而是"转包"给了他的朋友，这样一来非员工者混在其中也就不足为奇了。总之，在没有确认"三现"的情况下，将日式劳务管理规则照搬到泰国，本身就行不通。

因此我向总部解释并要求废除现在的打卡制度，导入更简单朴素的管理方法。我们根据实际情况，做了一份纸质出勤管理表，各个工程的负责人在上下班的时候，把全员召集起来点名，如果本人不在的话将未出勤理由手写到这张管理表上。

我记得当时我们还新规定了如果自己的工作不得不找人

来代替时的出勤管理办法。虽然比日式管理办法幼稚很多，却很有效果。当厂长表扬我"虽然才第二年，但业绩不错"的时候，我的喜悦之情溢于言表，至今都记忆犹新。

那时我学到了，虽然对于劳务管理的专业知识一无所知，但只要能切身体会"三现"，那么问题会自然而然地得到解决。我因此明白了"三现"才是教给我们一切答案的根本所在。

不要把下放权限当作逃避责任的窍门

之后，因为类似的情况重复发生了好几次，如果不亲自体会"三现"就做决策的话，我会非常焦躁不安。尽管职位越高而被迫要做的决策也越来越重要，但因为离现场也越来越远，因此对于"三现"的坚持就显得尤为重要。

所以我很难理解那些把自己关在办公室而坚信可以对现场进行"远程遥控"的领导。也许他们会解释说，前线有各个领域的专家，作为领导并不应该强行介入，况且对现场也进行了授权。但在我看来，这只是将下放权限当成了逃避责任的挡箭牌。

当然，授权是非常有必要的，因为最了解客户和市场需求的就是一线员工。比起远离前线的社长，他们才有更大的可能做出更正确的判断。如果不是很了解情况的社长提出了事无巨细的要求，那么现场人员的工作动力也会大幅下降。

对普利司通这样在全世界都拥有分支机构且员工人数超过 14 万的跨国企业来讲，如果不进行现场授权，公司是没办法正常运转的。因此我认为积极正面地向下授权是非常有必要的，但也不能凡事都依赖授权，领导始终有义务尽可能地了解"三现"。

熟悉现场是建立信赖的基础

但是，请不要误解。

因为权限和责任是一体的，所以对现场进行授权之后也同样肩负着相应的责任。不过有的领导会这样误解，他们认为只要进行了授权，所有责任都应该移交到前线。

这种认识显然是错的。如果真是这样，那社长岂不是没有存在的必要？虽然进行了授权，但所有的决策判断都应基于社长应负的责任来进行。即使前线有相应的责任，但将工作委任给前线的也是社长。也即是说，无论什么场合，社长都应该充当最终责任者。

这样一来，无论授权深入到什么程度，社长都应该尽可能地亲自去体会"三现"，除此之外别无他法。虽然尊重现场的决定是理所应当的，但完全放手不管也是不负责任的体现。领导通过和现场一同体会"三现"，直至自己能够完全接纳现场的决定，这个过程才是最重要的。

在此基础上，通过拜访现场，也能让大家意识到社长经常关心员工的工作环境并为此一直努力着。这样一来就会获得精通业务的评价，也能建立与员工之间充分的信赖。正因为有信赖关系，即使有时候向大家提出了更高的要求，也会得到大家的理解。大家会意识到这是领导在了解"三现"之后才提出的要求，因此也会想着无论如何都要先做出点成绩。

如果感到不放心，那就一定要去现场看看

每次心里对一件事感到不放心，我就会坐立难安，无法做到把自己关在与"三现"隔绝的办公室里。

当然作为社长肯定是非常忙的，接连不断的会议、面谈，而且还得不停地做重要决策，可以说每一分每一秒都安排得非常满。不仅如此，还要花时间来思考公司未来的发展方向，因此能够亲身体会"三现"的时间非常有限，这确实是事实。

然而，时间如同海绵里的水，挤挤还是有的。对于重要的事情，我会调整自己的日程安排，尽量亲自去体会"三现"。若非如此，我寝食难安。

比如在新建工厂的时候，无论时间多么紧张我都会奔赴现场，调动自己的五官去切身感受建厂前的工地。当然，工地的情况以及工厂的图纸我都可以在自己的办公室里看到，

但这些并不足以让我放心。

不只是去建筑工地，也需要用心研究如何处理与政府机关以及自治委员会等公共部门的关系。如果工地附近没有城镇的话，我也要亲自去考察一下。站在工人的立场去确认周围是否有像超市这种日常生活必不可缺的配套，周围的幼儿园以及小学等教育设施怎么样，城镇是否有衰败的迹象，从城镇到工厂的交通设施怎么样，等等。无论建立多么气派的工厂，如果员工生活不便，那工厂也不可能很好地发挥作用。

另外，根据所处国家不同，我也会去机场或者港口附近调研，跟踪物资或产品的流通渠道。如果有任何不便利，那么公司运营迟早会出问题。因此我从不是乘直升机直接到达现场，而是即使道路坎坷也要随着汽车一路颠簸，体验工厂正常运行后员工们的生活。让自己置身于当地的实际环境中，感受泥土的气息来体会他们的日常。如果不经历这个过程，就无法让自己确信一切没问题，而且也没办法坚定社长应承担其责任的觉悟。

优秀的领导会和不安做朋友

担任普利司通欧洲分公司社长时，我要求自己尽可能去拜访欧洲各国的数十家子公司或者事务所。

当然，只要我打声招呼，子公司或者事务所的高层都会跑到位于土耳其的欧洲总部，而且如果我要求的话，也会得到关于当地情况的详细汇报。但如果不亲自体会"三现"，我的直觉就无法发挥作用，这免不了会让我觉得隔靴搔痒，不得要领。无论他们和我说什么，也无论汇报做得多么详尽，我都觉得很不放心。

因此，我要亲自去现场，让他们带我看看事务所和工厂。这样，员工会告诉我一线的详细情况。对于进展顺利的事情我会感到很舒服，但对那些不顺利的也总会感觉别扭和不对劲。凭着这种直觉我再去听子公司或者事务所的说明，读一读他们的汇报，才会让我更踏实、更明白事情的来龙去脉，并在此基础上做出最正确的选择和判断。

像这样，"三现"才是工作的出发点。

然而随着职位的不断提升，离"三现"会越来越远。这样就会面对领导的陷阱。为了不掉入陷阱，最关键的是保持不安的心理。这种对于无法亲自体会"三现"而产生的强烈不安，才是正确行动的保障。

换句话说，在做重大决策时，如果始终感觉不踏实，那就证明你需要去现场亲自体验"三现"。如果以这种心态模棱两可地做决策，结果会非常危险。所以无论多么繁忙，都应该力争亲自去体会一下"三现"。不安是重要的信号，优秀的领导者会和不安做朋友。

14
对条理清晰的报告要抱有怀疑态度

现场都是错综复杂、情况多变的

领导不得不担心的事之一就是汇报。特别是公司里的精英或外部咨询公司为了解决现场问题而总结的思路清晰的报告，需要格外小心。因为思路清晰，所以很容易被带入"原来如此""原来是这么回事啊"这样的逻辑中去。因为会产生"如果×××，就会×××"的思维，所以很容易要求一线员工马上行动，而这里往往隐藏着意想不到的陷阱。

为什么呢？理由很简单。在现场，很多要素错综复杂地交织在一起。因此想要明白问题的真正原因非常困难，更别说用言语来总结和说明了。大部分解决问题的方法都不符合"如果×××，就会×××"这种简单的逻辑。如果这么简单就能解决的话，现场早就干脆利落地解决了。正因为许多问题交织在一起，所以改善了这边，那边可能又会产生问题，就像难拼的魔方一样反复出现不同困境。

　　因为上述问题的存在，从现场来的汇报才会含糊不清。这并不是现场员工的能力问题，而是因为现场的错综复杂性。如果能够坦诚面对这种复杂性，就会明白现场是很容易产生问题的。

　　所以说总部的精英以及外部咨询公司准备的"条理清晰的汇报"才是最危险的。因为大部分的汇报都是为领导写的"作文"。这些作文往往都没有理解现场的复杂性，或者说将其直接忽视了，故而不可能将现实的一切都表达清楚。而且甚至可以说，写报告的一方往往是将写作文当作自己本职工作的，因为对执行以及结果没有直接的责任，所以才可能条理如此清晰。

　　所以，如果把这些"写出来的东西"生硬地搬到现场，现场一定会受损。更进一步讲，即使问题的解决最终是依靠现场员工的拼搏努力而实现的，最终也往往有人将其看作汇报的成就；但如果解决得不顺利的话，现场员工反而会被扣上帽子，被指责"因为你们没有按照汇报内容来做"。这些事情循环往复，最终会加重现场的运行不畅。

汇报常常不可靠

　　举个例子，公司总部高层提出了要把全球工厂的生产率提高20%的目标。当然，既有能够顺利提高生产效率的工厂，也有无法取得成果的。对于那些业绩不好的工厂，大概会被要求汇报原因以及将来的改善措施。然而，从现场来的汇报看起来总是不得要领。无论读几遍，还是不明白问题是什么以及该怎样改善。无奈的领导大概会要求总部员工去现场进行调查并作总结汇报。

这套流程中最危险的部分是，总部员工知道那些进展顺利的工厂的工作模式。他们会认为这才是正确答案，并认为只要那些"问题工厂"做同样的事情，就一定可以提高生产效率。

那结果会怎样呢？

总部员工会要求现场提供从其他成功案例中总结出的材料，现场就变成了收集材料的地方。也就是说，他们并没有直面现场的复杂性，而只是收集了符合某些成功案例的材料，摒弃了除此之外的一切。

只要按照这个流程，无论谁都能做出条理清晰的汇报。而且因为是基于成功案例的总结，乍一看非常有说服力，如此一来，领导就被"欺骗"了。

和现场共享复杂性是解决问题的第一步

然而这种汇报实际上根本行不通。

有可能成功案例中的工厂已经引入了最新的机器设备，而这家工厂的设备却比较陈旧老化。也有可能工厂的流水线设计不合理，而员工在我们不易察觉的地方承受了过重的负担。而且寒带和热带的工厂，内部温度也都不一样。在舒适的环境里工作和在很闷热的环境中工作，体力的消耗程度也有本质区别。如果不考虑这些因素，所谓的解决方案只能是纸上谈兵，不可能起作用。

另外，工厂也会因为所属地域的特殊性而受很大影响。

比如说教育。在发达国家，会有很多员工接受过劳动理念、工作效率以及产品质量等方面的教育，但在发展中国家却不具备这些基础。因此，如果在发展中国家，也只能在现场向员工传授这些理念。

在工会组织很强的国家，为了提高生产效率需要获得员工的合作，公司在建立和工会的信赖关系上是需要下一番功夫的。而这些环境的差异也会带来很大的不利因素。如果没有全面意识到这些现实问题，那是不可能得出正确的解决方案的。

当然，这不只是在制造业的工厂中才会发生的问题。

同样的情况也发生在销售部、业务部等其他所有的部门。或者母公司和子公司之间也是一样。尽管如此，如果只是轻易地将这些"条理清晰"的解决方案强行套用到现场的话，只会给现场员工带来更大的工作负荷，而且随着员工和领导层之间的嫌隙越来越大，总部和工厂也会产生挥之不去的不信任感。公司很容易从根本上腐烂，进一步便陷入更危险的境地。

当然，并不是说总部员工有什么恶意，问题的关键在于领导的认知。如果对思路清晰的汇报缺乏问题意识，那么这种迟钝就是问题所在。分析现场提交来的汇报不得要领，却对总部员工总结的报告完全理解和接受，作为领导，一定要警惕这种倾向。

脚踏实地，对现场抱有敬畏感

从现场来的汇报实际上应该是复杂而繁琐的才对。

重要的是，基于汇报，要和现场不遗余力地交流和沟通，多提问，多找问题。通过这个过程，总部的核心部门就能和现场一起共享问题的来龙去脉。

当然，做好这一点也并不简单。想要事无巨细一把抓，只会让现场更加混乱。为了一步一步提高生产效率，领导应该做的是集中精力于当下，使问题得到逐步改善，并向现场提供支援。

为此，领导应该对现场的复杂多样性抱有敬畏。正因为敬畏，才会产生真挚诚恳地面对现场问题的认真劲儿。

优秀的人都是胆小鬼

对那些从总部派来解决问题的精英而言,上述要求可能有些为难。对现场的敬畏并不是观念上的,而是通过脚踏实地积累业务经验才能体会到的感觉。

如果抱有这种敬畏感,那些思路清晰的汇报读起来自然漏洞百出。如果真正做到和现场坦诚相对,真切地想为现场排忧解难,那么总结出的汇报第一眼就能让人感受到诚意,因为这样的汇报中一字一句都承载着现场问题的复杂多样性和一线员工的付出。只要能务实真诚地汇报,就会让人觉得"汇报虽然很难懂,但是值得信赖",隔着纸张都能看透现场的复杂性。

请不要忘记,领导和总部其实并没有产出,做出业绩并赚钱的都是一线员工。不了解现场实际情况、没有现场感以及无视现场的人所写的"条理清晰的报告",以及那些将复杂多变的局面草率无知地分解并让现场照做的愚钝领导,是毁掉一线员工努力的罪魁祸首。

15
像蜿蜒的长河般思考

优秀的领导为什么可以大胆做决策？

　　能否大胆做决策可以说是区分优秀领导和平庸领导的重要标志之一。对于能果断做决策的领导，大家的评价都是大胆无畏、勇猛果断。然而在我看来这些评价并没有抓住领导力的本质。

　　当然，我并不是要否定这些评价。但如果仅仅是大胆无畏、勇猛果断也不可能做好重大决策。正是因为经过长时间的深思熟虑以及缜密思考，才有可能在某个时点做出果断的决策。也就是说，把"胆小敏感"一层层编织起来，才能从真正意义上做出从容不迫、有胆量的决策。

　　教我这个道理的是普利司通的前任社长家人昭先生。

　　当时，我作为秘书课长，被全权委任掌管员工业务的工作，也正是从那时起，我得以通过很多案例从家人先生那里学到了很多东西。印象最深的是当时的里程碑事件——收购美国大型轮胎制造及销售商火石轮胎（Firestone）。

那是1988年的事情。当时，虽然家人先生已经开始推进对火石公司的业务合并，但突然间，总部位于意大利的大型轮胎制造商倍耐力（Pirelli）对外公开了对火石股权的收购。为了与其抗衡，普利司通也几乎在同一时间就决定全力推进对火石的收购。真可谓是勇敢果断的决策。

收购金额大约3 800亿日元，对于当时的日本企业来讲，无疑是对美国公司的最大规模收购，因此这一事件成了热门话题。在公司内外引起轩然大波，不过这也在预料之中。一天1亿日元的赤字，还有大规模的召回等后续问题，让公司上下异常不安。当时火石的经营状况非常糟糕，从财务角度来看无论如何都是风险过大的投资。

而且，火石是和通用、福特等并驾齐驱的美国知名企业。因为当时正值日美贸易摩擦期间，对于日本企业收购火石公司这件事情，美国国民从情感上是无法接受的。

某家美国企业的CEO也曾口出狂言："虽然日本企业收购了美国的知名公司，但也别妄想立刻和我们做生意。"这家企业也在火石被收购后停止了和普利司通的业务。一个工厂的业务就这么一瞬间没有了。然而即使发生了这些事情，家人先生对此决策也丝毫没有动摇过。

第 3 章
因为总是担心，所以强大

为什么在几乎是只有风险的情况下也要做如此大胆的决定呢？

当然，这并不是听天由命的赌博，也不是什么破釜沉舟，而是为了普利司通能够长期存续下去，常年深思熟虑的结果。看起来虽然是在一瞬间做出的决定，但除此之外别无他法，因此才能做到在知晓所有风险后依然可以毫不犹豫地果断做决策。

要时刻抱有"吞并还是被吞并"的危机感

决策的背后是强烈的危机感。

我进入公司是 1960 年，那时普利司通作为超级优质企业，大部分的销售份额都来自日本国内。放眼全世界，法国的米其林、美国的固特异以及火石还有意大利的倍耐力等大型轮胎公司在全世界都享有盛誉。它们在全球市场的占有率都占据压倒性的优势。而普利司通在全球市场上的份额大概排在第 10 名左右，充其量也就是亚洲范围内的名牌。

然而，轮胎是有国际标准的，合格的产品可以在世界上任何国家销售，不会受到国别地域的限制。当时，全球的生产厂家在"吞并或被吞并"的激烈战斗中不断重复上演着割喉般残酷的竞争。一般被吞并的都是业务规模相对劣势的企业。对于像轮胎这样需要大量生产、大量消费的商品来讲，规模效应是最起作用的。

也就是说，即使在日本坐拥第一的市场份额，但如果世界上其他大型企业想要全力进军日本市场，我们注定会被吞并。因此，如果我们不能尽早提高在世界范围内的市场占有率，那么将无法生存下去。从我进入公司以来，一直能体会到普利司通伴随着这种危机感。

强烈的危机感才能激发真正的思考力

因此，家人先生从年轻时起，为了使普利司通走向国际舞台一直奔走在业务最前沿。

我进入公司第二年被派往泰国的时候，家人先生还是管理副职。那个时候家人先生已经在洞察世界轮胎行业动向的同时，开始探讨"为了使普利司通存续下去应该怎么办"这个深刻的话题。现在回想起来，大概那个时候他就已经在构想着将普利司通缔造成大型跨国企业吧。

之后我回到日本总部，也继续受到了此想法的影响。几年后，当我就任普利司通总经理时，为了使普利司通能够与那些跨国大型企业相抗衡，我开始着手将此构想落到实处。

但下定决心的同时，我也有被逼到走投无路的感觉。

我们把能想到的战略方案都试了个遍，但仅凭自己的力量想要提高全球市场的占有率耗时太久，我们等不起。那个时候，全球市场完全被那几家大型公司所占有，想要从它们手里抢走市场份额是非常困难的。因此我们得出结论，这样下去没法赢，感觉被逼到了绝路。

这时候，进入视野的就是对火石的业务并购。

火石当时陷入了经营困难的时期，但作为大型跨国企业，在全球范围内仍拥有众多分支机构。而且从地域上来讲，其世界范围内的分布网点和普利司通重叠的部分非常少，这对我们非常有利。因此，只要能和火石合作，立刻可以提高普利司通的全球市场占有率。也就是说，我们决定花钱买"时间"。

但是，紧接着就遇到了倍耐力公开声明要购买火石股权。一旦我们放任此交易成行，那么普利司通想要夺取市场份额、成为世界第一的机会将永远消失。收购火石是普利司通生存下去的唯一选择。因此，家人先生果断做出了收购火石的决策。

优秀的领导能够像蜿蜒的长河般思考

转眼十几年过去了。

家人先生置身于全球竞争的最核心处不断试错，除了火石以外也开始了对其他轮胎公司的收购，竭尽全力布置了对所有可能性的演示和模拟。家人先生可谓拼上了自己的一生，因为稍有懈怠就可能会影响到公司的存亡。因为被这种危机感驱动着,他才能事无巨细、如同蜿蜒的长河般绵延思考,最终引导普利司通走上了竞争全球第一的道路。

因此,在旁人看来可能是一瞬间唐突的决定,但实际上并非如此。既不是听天由命的赌博,也不是什么破釜沉舟,而是如同蜿蜒的大江大河般绵延起伏不断思考的结果,因为别无选择所以当机立断。

当然,公司内部也有其他意见,"价格高得离谱""完全没有投资回报"等等反对或质疑的声音不绝于耳。因为决定收购的时间特别短暂,也没有时间做完备的尽职调查;因为不知道会出现什么风险,所以被指出"太过草率"。即使存在所有这些眼前的疑问,只要聚焦普利司通的未来愿景,就会立刻明白收购是有的放矢。

家人先生并没有因为听到不同的声音而改变自己的判断。一旦为了规避那些风险而放弃对火石的收购,可以说瞬间就阻断了普利司通能够继续发展下去的道路。这才是最大的风险。可能有些人会觉得未来的风险未来再说吧,总会水到渠成的。但放弃一次千载难逢的机会,那其实就根本没有未来可言。因此家人先生坚持自己的主张,斩断了所有反对的声音。

因为持续思考,才能瞬间决断

我认为这才是所谓的决断。

第 3 章
因为总是担心，所以强大

家人先生是一位很坚毅的人，对自己和他人都非常严格。但并不是只有坚毅的人才能做大胆的决断，比此更重要的是，对于一件事情持之以恒、犹如蜿蜒的长河般可以绵延不断地思考，这种缜密细致的态度才能促成最终的决断。

可以说，只有一时之勇的领导才是危险的。

在欠缺思考的情况下冒失决断，只会使团队陷入生死攸关之中。相比如此，还是小心谨慎些来得好。因为胆小所以总有隐隐的危机感，这样才可能对一件事情持续专注地思考。在思考讨论过所有的可能性后，只要对得出的结论坚定不移，那么无论是谁都能做出果断的决策，因为此时已深知除此之外别无选择。

因此，重要的是持续思考的能力。

如果想要成为优秀的领导，就要对眼前的工作全力以赴，边了解宏观经济、行业发展史以及自己公司的发展史，边留意各种关键人物的演讲和观点，并且还要不断思考自己团队的未来愿景。要将脑海中的愿景具象化，这个时候，一定会迸发出卓越的决断力。

那之后过了 30 年。

在这期间，对于火石的整合工作，很多人都煞费苦心，付出了非同一般的努力。

但关于家人先生做的正确决策，大家都毫无疑问。普利司通借着火石在欧美市场的影响力，逐渐为日后的海外发展打下坚实的基础。如果没有收购火石，不可能做到名副其实的世界第一。

可以说普利司通的命运正是在那一瞬间注定的。在倍耐力公开声明购买股权后，家人先生的决策哪怕晚一分钟，结果都可想而知。火石可能会拱手相让于对方，助其一臂之力，普利司通则受制于竞争对手的规模而江河日下。像这样领导力往往体现在这一瞬间，而为了这一瞬间切实有效的判断，像蜿蜒的大江大河般持续思考是必不可缺的。

16

因为担心所以会培育出先见之明

领导的工作是 365 天 24 小时全年无休的

能力总会在你从事的各种活动中不断地得到拓展。

回顾一下多年的业务经验,这是我的切身感受。

我很多次遇到的情况根本没办法凭自己的能力解决,硬着头皮去应对,被逼到火烧眉毛的境地后,自己的能力也被迫得到了拓展。这可能就是所谓的成长吧。从这个意义上来讲,被逼到绝境也是一种幸运。

对我来讲,最幸运的是可以作为秘书课长在家人先生手下工作。在开始着手和火石的共同事业规划时,我被任命为项目人事主管。在原本的业务上又增加了关于此新项目的支援任务,当时每天都被大量的工作以及极度的紧张感所笼罩。

最初向家人先生问候时,我清楚地记得他对我说:"秘书的工作是 365 天 24 小时的。"也就是说社长的工作就是全年无休的。因此我也做好了理所应当的思想准备。

上任后，在决定收购火石时，我的生活发生了翻天覆地的变化。因为火石的收购项目必须跟随美国时间，社长出勤时间变成了每天早晨，于是我也每天早晨 5 点半上班，晚上 11 点以后下班。每天都没有时间吃早饭，只能是在工作间隙跑到食堂，随便吃点后又立刻回到自己的座位上。

我的工作就好比社长的分身。大部分需要汇报给社长的案件会先送到我这里，而且社长读过的文件也会全部先放到我这边。

每天要看上百份文件，遇到不明白或者有疑问的地方也要和相关部门确认。根据情况，为了将文件内容更加准确无误地传递给社长，我会用小贴纸再添加一些说明。如果家人先生问一些基本的问题而我无法立刻回答出来的话，那么我的存在就没有任何意义。因此辅助社长在最短的时间内做出最正确的决策，这就是我的职责。

此外，在明白家人先生的决策后，我还需要向相关部门做详细说明。当然，如果只是把社长说的话转述一遍，再借着社长的名义狐假虎威，只会引来大家的反感。要让大家心悦诚服地接受，就必须动之以情、晓之以理。我的职责就如同桥梁一般，承担着着老板和员工之间的沟通，因此最根本的是要做到不碍眼、脚踏实地工作。说实话，当时身心俱疲。

除此之外还要和国际律师事务所、国际会计师事务所、财务咨询师等外部团队以及从公司内部借调来的专家组成的专门团队一起就有关收购项目进行实质性的讨论，因此也要从事事务性的工作。在进行着数不清的工作的同时，因为不知道社长什么时候会问什么问题，所以根本没有办法从这种紧张感中释放出来，每天都时刻准备应战。当时，公司内部经常调侃说我是性价比最低的管理层。

让下属亲力亲为才是最好的指导

既然这么忙，为什么不考虑再招人呢？

大概会有人提出这个问题，或者也会说那些经营企划部门等是不是也应该分担一部分任务呢？

正因为是关系到很多人的并购案件，所以指挥中心必须做到灵敏地应对，参与的人太多反而无法统一意见。指挥塔的最高层必须是能做所有决策的社长。这样一来，协助社长的团队必须将所有案件都印在脑海中，否则无法提供适时的协助，也就是说要和社长的大脑保持同步。

因此，当时我的这部分工作最好还是一个人来做。如果交给多人做的话固然会减轻负担，但如果在所有辅助角色中没有整体指挥的人，就没办法协助社长做出正确的决策。

换种说法，直接协助领导的我虽然肩负着很重的责任，但却可以接受家人先生一对一的教导，各项事务都有机会亲力亲为。我认为没有比此更好的指引了。

优秀的领导往往先行一步

当时我学到了很多东西。

其中一点就是，优秀的领导通常都有超人的先见之明。就好比象棋的新手，预测接下来的两三步棋就已经很费力了，但专业的棋手早就可以预见接下来的十几二十步。

如果在工作中遇到突发情况，家人先生会瞬间缜密地在脑海中描绘对公司内外有什么影响，进而与可能受到影响的相关人员进行探讨。为了事情能够顺利进展，往往先行一步思考。

然而家人先生从来不给我过于细致的指导。

这是理所应当的，家人先生不仅要专注于收购火石公司这样重要的项目，还要对公司其他所有事情进行决策，因为要全年无休地深度思考，所以根本不可能把时间浪费在对我的细致指导上。如果我连这些事情都没有办法自己独立思考和解决的话，那么只能说是自己能力不足。

然而，出任秘书课长初期，我也差不多相当于象棋"菜鸟"水平。当家人先生突然问我"这个怎么样了？""那个会议什么时候?"我时常陷入慌乱。当然,这也会影响家人先生的心情,我因此不止一两次被严厉批评过。

因为先行一步,所以可以掌握主导权

为了能够给有超前先见之明的领导贡献力量,必须做到比领导还先行一步。如果只是做到了被要求的事情,那充其量也只会得到正负相抵的评价。如果被问到:"那件事情怎么样了?"这句话也相当于"你没做自己的工作吧"。因此,我经常提醒自己"要先行一步思考,提前想好对策"。

比如,在收购火石项目的交涉过程中,如果遇到某个问题,我会先判断这个问题的重要程度,如果有必要的话,我会向家人先生提议和相关部门的领导一起开会讨论。对于需要在董事会上讨论的问题,我会注意时机然后向社长提议应对方法。虽然这都是理所应当的,但实践起来不简单。也就是说,像收购火石公司这样的重要项目,因为绝对不能向外部泄露的机密事项很多,因此要对所处理的信息时刻保持敏感和谨慎。

当提议开董事会时,我经常会被社长质问道:"现在是开董事会的时机吗?"当时大概有30名董事,所以我非常理解社长的担心,不过我也会毫不退缩地继续提议:"现在正是要坚持到底的时候。"必要的时候,勇于顶撞上司也是作为其左膀右臂的重要职责。

这样一来,与其让社长一个人思考,不如自己做到先行一步思考。在这期间我渐渐意识到自己作为秘书课长也成长到可以独当一面了。

考虑问题要穷思竭虑

那段时间的锻炼对我后来担任总经理有很大的帮助。

想要发挥自己的领导力并推进公司的改革,经常会遇到内部反对势力的阻拦,这是很正常的。作为领导者,必定要为改革倾注大量的时间和精力,必须时刻警惕各种各样的陷阱,稍不注意就会接连碰壁,结果不得不在改革这件事上耗费大量的精力和时间。

为了避免这些事情的发生,必须有先行一步的能力。我们不得不先行一步去斡旋,在得到相关部门认可的同时来推进项目开展。要看清以某种方式改革的话,会对现场产生什么样的影响,提前做好充足的准备。通过不断地积累应对经验,当大家认可"这位领导非常有洞察力和前瞻性"时,公司里自然而然会产生"因为是那位领导想要推进的改革项目,我们应该予以协助"的氛围,避免不必要的障碍。如此一来,才能为改革顺利进行创造好的环境。

从这个意义上讲,那些经常用强硬手段披荆斩棘推行大改革的领导，其实是缺乏前瞻性的。为了使改革成功，不能人为地制造本来可以避免的麻烦，而要凭借自己的能力再开路之前就斩断丛生的荆棘。那些提前斩断荆棘使得改革顺利进行的领导，虽然看上去并不起眼，但其实非常有前瞻性，提前做好了应对措施。不要被那些煽动力很强的个人英雄主义案例迷惑，而要去关注一下看似无所作为的领导的真本事。

总而言之，能够预见未来的能力，是领导力的必要组成。领导是引领员工的人，如果无法做到比其他人看得更远，那就无法胜任领导。

那么，能够磨炼出这种能力的究竟是什么样的领导呢？

自然都是爱操心的人。正因为总是担心行动的效果，才会比任何人都更努力地去洞察未来。如果到了没法再担心的地步，把能想到的事情都提前想到了，那么再去讨论可以实行的方案。这些人，才蕴藏着成为优秀领导的无限可能。

第4章

敏感是最强的竞争力

17

地位造就"无能的人"

不是地位造就了人,而是造就了"无能的人"

常言道,地位造就人。

这里的意思是,晋升到一定的地位,就会成长为与职位相匹配的人。然而我对此深表怀疑。地位造就的都是"无能的人",这么说或许更贴切。

这是我从年轻时代起慢慢体会出来的道理。我很幸运,碰到的基本都是非常好的上司,为此我永远心怀感激。但其中也不免有误以为是因为自己有能力才当上领导而刚愎自用、态度傲慢的领导。

每当我看到那些骄傲自大、对下属颐指气使的领导时,就会不禁联想到"地位造就无能的人"这句话。

相反,优秀的领导总能意识到这一点,因而会时刻提醒自己不要这么做。教给我这些道理的也是家人先生。

优秀的人都是胆小鬼

在我被任命为秘书课长时,家人先生和我说了这样一句话:"无论是谁,在成为社长的那一刻起就如同《皇帝的新衣》里的皇帝一般。我已然如此了,但这非常可怕。而你虽然看上去比较老实,但在面对比自己地位高的人时能够直言不讳,把真话直接说出来,这是我非常期待的地方。"

《皇帝的新衣》里那位有名的主人公,他没有意识到别人让自己穿上了根本看不见的"衣服",当孩子们说"皇帝光着身子"的时候,他才明白自己有多么滑稽。一旦成为公司的社长,无论是谁都难免会变成这样戏剧化的存在。家人先生在表达了这些担心之后,说出了对我的期待——保持故事里的孩子们那样诚实、坦诚的品格。

从那以后,每当我感觉到社长被穿上了"皇帝的新衣"时,我会适时适地、率直真诚地将实际情况传达给家人先生。当然,因为是向社长汇报,既要掌握十足的证据也要牢牢地把握事情之间的联系。不仅如此,因为面对的是公司的最高领导,因此也要谨慎地选择合适的语言,既不粉饰所述之事也要将事实直言不讳地说出。

每当我和家人先生唱反调时,他总会变得异常认真起来。看着他的表情逐渐严肃,我的内心也非常紧张,有时我们还会产生口头上的争执。

不过,当心情平复之后,家人先生也会调整自己的言行。每当此时，我都会摸着胸口长舒一口气，佩服自己在内心不断挣扎的同时还能与"皇帝的新衣"一直做斗争。

为什么领导会遇到"皇帝的新衣"难题？

领导掌握着权力。无论是谁，在面对权力的时候，都会首先采取防止自己受伤的姿态。这样，比起什么是正确的，大家更多是从怎样做领导才会开心的角度考虑言行。结果领导就只知道开心的事，而被屏蔽在了真相之外。

必须注意的是，即使领导并不是有意，但下属也常常会关注到领导背后的权力。也就是说，哪怕是来自领导的一点点无意识反应，也会被人揣测其本意，然后作出回应，因此这里就有陷阱。如果自己意识不到这一点，即使并不想滥用职权，也会不知不觉成为"皇帝的新衣"里的皇帝。

就团队而言，无论好坏，如果没有权力的代言人就无法统一管理。也就是说，在组织里本身就蕴藏着产生"皇帝的新衣"的机制。因此，领导必然会成为"皇帝的新衣"里的皇帝。

我上任社长以后，非常担心自己穿上"新衣"。

比如，关于某项经营课题，有很难分出高下的甲乙两项方案被提交了上来。假如比起乙方案我对甲方案更有好感，这种时候，从情感上来讲，在听到关于甲方案的汇报时，我会不自然地流露出认可的表情或神态。但这很危险，为什么呢？因为下属会在瞬间捕捉到这种表情，并对此做出回应，这样讨论的整体氛围都会倾向于选择甲方案。

如此一来，原本应该对甲方案和乙方案孰好孰坏进行严格缜密的讨论，却演变成大家对于推进甲方案发表意见，结果肯定是选择甲方案。

对于"皇帝的新衣"机制完全无意识的我，以为最终选择甲方案是大家反复充分讨论后的结果，但实际上并非如此。是大家遵从了我的想法，如同胜负在开局就已注定的比赛。当我意识到这一点之后，心想这样下去我不就成那位"皇帝"了吗？我至今都记着当时冷不丁后背发凉的感觉。

从此以后，无论谁向我汇报，无论他的职位多高也无论汇报的内容如何，我坚持尽量不表露出任何态度与倾向。即使自己已经知道答案，但因为很容易在不经意间流露自己的想法，因此更需要小心谨慎，因为那一瞬间，每一位下属都会揣度我的想法。因此作为领导要经常保持 poker face（扑克脸），并且要将此原则坚定地贯彻下去。

当你自我感觉良好时应该羞愧

然而，这里有一个很大的诱惑。被揣度心思的一方往往感觉比较良好，因为对于自己认为正确的事情，可以不费吹灰之力得到下属的赞同。然而这种良好的自我感觉事实上是非常危险的。因为这会让你开始误认为自己是优秀的领导，所以下属会对你所说的事情表示赞同。但如此一来，只会让自己陷入"我是最优秀的""我是正确的""只有我知道答案"这样的思维陷阱中。这种优越感会无形中造就"无能"的人，导致对待下属时就会更刚愎自用、更颐指气使。

虽然自己想发挥一下领导力，实际上却在团队中造成了"皇帝的新衣"的效应。像故事中的孩子那样，只要能用坦率的眼光来看待，"皇帝裸着"是再明白不过的事实。"皇帝的新衣"局面下，没人会从心底真正认可领导，这难道不值得警惕吗？

因此，在每次晋升之后要意识到，地位越高、权力越大，也就越容易成为无知而易被蒙蔽的"皇帝"。我被任命为普利司通 CEO 时，冷静下来细想，就明白自己并没有优于周围同事的超群能力和头脑。在几位合适的候选人当中，由于某种"组织力学"在发挥作用，所以碰巧我被选中了。如果因此认为自己很了不起，岂不是太没有自知之明。

职位越高，越容易听到好听的话。然而这种良好感觉会让自己越来越无能。大家一定要意识到，作为领导且感觉一直很好的话，往往意味着自己已经开始走下坡路了。因此要主动寻找一些"不自在"的事情，最好的方法就如同家人先生一样，与那些说话刺耳、心直口快的人保持接触。

我在担任社长的时候意识到要与"反体制派"保持定期联络。

比如由于某些原因，有的人从"主流"的晋升渠道中被排除了，这些人反而能够更加冷静客观地分析和观察"主流"，因此他们的观点往往更加敏锐和犀利。

或者，快到退休年纪的人往往也能给出很多宝贵的意见。因为他们职业生涯已经走到尽头，从某种意义上来讲没有什么可担心的了，因此可以不计后果、毫无保留地说出对事情的真实看法。

实际上，每当我感到烦恼困惑的时候，如果真诚地询问大家的意见，他们也会直言不讳："荒川先生，您被骗了啊！"虽然这些话听上去有些刺耳，却非常有参考价值。这会促使人再次审视自己，意识到自己最真实却在潜意识里不愿触碰的想法。

"地位只能造就无能的人"，我将此作为真理铭记于心，在与下属相处过程中，一定不要忘记在自我感觉良好的时候应保持谨慎，提醒自己潜在的风险。因为优秀的领导经常都会或多或少地"感觉不大好"。

18
要透彻理解负向机制

组织的运营体系里存在负向机制

领导成为穿着"新衣"的皇帝是必然的,因为公司里蕴藏着使领导成为"皇帝"的机制,如果对此机制毫无意识的话很容易被假象所蒙蔽。

正因为有很多运营机制在同时发挥作用,公司才能正常运行。不过,所有的机制都伴随着负面作用。而对于这些负面作用反应迟钝的人,即使按照团队的既定运行轨迹运作,也很难发挥真正意义上的领导力。

我对这些运营机制变得敏感是在担任秘书课长的时候。

如前所述,当时,我为了支持家人先生的工作,和公司所有的部门都需要保持紧密沟通和联络。

这个时候,最忌讳"狐假虎威"。因为在我身后有这位拥有绝对权力的社长,所以无论是谁都对我非常客气。但这是很危险的。从职位上来讲,我只不过是课长级别,如果因此而膨胀并自我感觉良好,那么一切都将归零,必定会吃大亏。

然而,只意识到我背后有社长的那些人,对我总是心存戒备。他们很有可能不会告诉我事情的真实情况,这样我就无法有效地协助社长工作。考虑到这点,我尽量让自己保持低调,做到不引人注目。因为归根结底,社长才是主角,而我只是幕后辅助角色。我自始至终贯彻着这一信念。

我也完全没觉得自己做得有多完美,但至少和很多部门的同事都能够毫无芥蒂地、坦率地沟通和交流。因此,那段时间我学到了很多与公司运营有关的知识,因为我有机会近距离地观察到从公司内部各个部门提交上来的方案是通过何种方式传达给了社长。

提交给社长的方案全都是妥协的产物

提交给社长的种种方案,都是各方妥协后的产物。这是我在辅助社长期间学到的运营机制之一。

举一个例子,假设有人野心勃勃地想在前线开展一个全新的项目。最初由提议者递交上来的企划书,往往粗枝大叶、破绽很多,但其内容可能让人耳目一新。但是,在公司里,这些企划书是不可能以这种"不修边幅"的形式提交到社长

第4章 敏感是最强的竞争力

手里的。

既然是具有革新意义的企划书，那么内容多少会和公司内部已有的体系相悖，这是肯定的。因为如果和已有体系相契合得很好，那么也不能称之为革新。

如此一来，与已有体系不契合的企划，一定会招致抵触。即便没有产生尖锐的矛盾，但因为各个部门都是满负荷的工作状态，如果在此基础上凭空又多出新工作，此新提议一定不会轻易得到认可。

而且，虽说是革新，但能否成功也未可知，因此大家都会认为将工作重点放在已经成熟的业务上才是最稳妥的。

伴随着抵触，各个部门之间开始了"调整"工作。

为了实现此企划，各个部门的意见都会先汇总到企划部门。这个过程是必不可缺的。而且最初的企划书里，既可能夹杂了其他部门无法应对的诸多要素，也有可能包含一些相对现实的想法。通过坦率交流意见，至少能培育出各个部门的参与者心态。如果没有这种心态，即使企划得到了认可也无法保证其顺利实施。因此各个部门对于企划的不断探讨和摸索，是非常有必要的。

此时社长应该注意，通过各种调整，一开始内容引发尖锐矛盾的企划，在磨去棱角之后，已不会引起组织内部的轩然大波，成为亮点不突出、没有棱角的"圆形"，这种负面效应是很难避免的。可以说，最终递交到社长手里的都是所有部门妥协后的产物。

只有领导才能带动变革

社长必须对这一运营机制保持敏感。

有不少领导认为，既然提交来的方案已经过很多人长时间探讨，那么直接在上面签字盖章即可。这并不是真正意义上的履职。如果无论有无社长得出的结论都一样，那岂不是根本就不需要社长存在？

这类领导可能是为了不打破公司内部和谐，倾向于不给团队添加过多压力。对于员工来讲可能感觉很好，但组织会因此形成厌恶改变的企业文化，最终必定会陷入消极的状态。

外部世界千变万化，团队要有能力相应调整经营战略。作为社长要意识到，递交到自己手里的企划书都是各部门妥协后的产物，同时也要时刻警惕这份企划书可能已经失去了它本来的创新价值。

接下来，在研读的过程中，要抓其中要害，遇到不清楚或者有疑问的地方，一定要和相关同事进行确认。时刻意识到各部门间的协调其实是发挥了负面效应，然后在自己的脑海中描绘出此企划原本该有的样子。如果需要的话，也可以

第 4 章
敏感是最强的竞争力

将磨圆的成品再次削尖,将其特点凸显出来。

这是只有社长才可以做到的事情。因为将企划书再次变得"棱角分明",即使其他部门抵触,但能使其恢复原样的也只有公司最高领导者。只有社长才能带动变革。所谓权力,本来就应该在这种情况下发挥作用,这才是真正的领导力。

在公司里,伴随着负面效应的运营机制错综复杂地交织在一起。优秀的领导能做到对这些机制细致入微的了解,为了不跌入陷阱,时刻保持小心谨慎。而那些对公司运营机制反应迟钝的人,最易被操纵,最终成为傀儡。

为了避免这些事情的发生,我们在年轻的时候,需要细致观察公司是怎样运作的。不仅如此,要作为当事者参与进去,亲自感受一下。有时候,公司可能会让员工觉得不近人情,然而正是这种节点,才是深层次了解公司运营机制的绝佳时机。

19

要对下属的痛苦时刻保持敏感

优秀的领导要保持绝对的严厉

领导必须得严厉。

无论做什么工作,如果无法让客户满意就没有任何意义。让客户满意绝非易事,没有付出千辛万苦,是不可能取悦客户的。披荆斩棘、经历困苦的先驱者往往都是领导,如果下属不够努力的话,领导还需要对他们进行进一步的激励,推动他们更进一步。

无论公司的工作质量多么高超,一旦竞争对手更胜一筹,就一定会在竞争中处于劣势,这是今日的商业规则。如果竞争对手又进一步超越了我们的想象,那我们就不得不对已经全力以赴的员工提出更高的要求。这时就要求我们必须绝对严厉。

另外,领导对自己已作出的决定不能轻易动摇。

当然，一旦发现所作决定明显错误，则需要立刻调整方向重新决策，同时也要对自己的判断失误肩负起相应的责任。

但是，如果仅因为外部情况稍有恶化或者公司内外的反对声音越来越大而轻易改变自己的决策，这是绝对不可取的。因为这样一来，往后无论你做怎样的决定，员工都不可能打心底里真正认同和尊重。领导的决策，是有相应分量的。

局势恶化且公司内外的反对声音越来越大，即使在这种情况下也不能轻易退缩。哪怕路途艰险也要继续走下去，继续战斗下去，这确实很严酷，但也是领导应该做的。

要贯彻实施领导的决策

我在家人先生手下工作的时候，体会到了真正的严厉。

家人先生顶着公司内外的反对声迎难而上，在背负着巨大风险的同时，也完成了对于火石公司的收购。然而事后也如当初预料般，有无数问题喷涌而出。有的是当初没能察觉的问题进一步明朗化了，有的是在与美国企业的磨合过程中矛盾又激化了，等等，总之问题接踵而至。

每当这种时候，公司内外总会有人自以为是地和家人先生说："你看，我就知道会这样"，"所以我才反对的啊"。硬派的家人先生虽然不动声色，但内心也难免会纠结。然而他并没有理会这些声音，事事都坚持到最后，这种态度自始至终丝毫没有动摇过。

作为家人先生的下属，这对我来讲其实都是非常严峻的考验。

因为我不仅要应对公司内外的反对声音，而且为了和火石公司的执行部门进行协调，需要私底下进行斡旋。因为正处于纷争的最核心阶段，对每一件事情的交涉都步履维艰，有时还可能被家人先生当面斥责。

当然，我并没有向家人先生哭诉这些事。家人先生的想法坚如磐石。为了贯彻这些决定，我除了尽自己最大的努力之外别无选择。这就是我当时所处的立场。我也因此学到了作为优秀领导的严格。

作为领导不要误解严格的含义

然而，我感觉有很多领导都误解了严格的含义。

让我感到很不舒服的是那些因为自己在年轻时代经历过挫折，所以也要让下一代年轻人经历的领导。"我年轻的时候经历过的比这严厉多了，你这点算什么啊！"大家是不是都遇到过说此番言论的领导。但在我看来，他们这样是误解了严格的含义。这既不是严厉也不是其他任何有意义的影响力,这种行为只能说是霸凌下属。

我当然也经历过很多不合情理且严厉的领导。

让我印象最深的是外派土耳其时的情景。进入公司第二年我被派往泰国,因为这是可以发挥我大学所学专业泰语的机会,心态还是很积极的。当时泰国的环境和战败后的日本没什么两样,和那些被派往高人气国家如美国及欧洲国家的同事相比,虽然感觉不太走运,但我意识到这也算是年轻时候积累经验的机会。

然而,在那之后经过两年的本部工作,再次被外派土耳其时,我内心非常诧异,"怎么又是我啊!"而且当时我们在土耳其连事务所都没有。也就是说公司要求我一个人建立起普利司通在土耳其的事务所,并将其作为中近东范围内的新业务网点。我曾憧憬过这次外派目的地可能是欧洲或者美国,所以知道任命后实在无法释怀,怎么又是我被派到土耳其?!

不管心里怎么想,最成问题的是我别无选择,只能只身赴任。

当时我已结婚,孩子上小学,为了能够和家人一起生活,我调查了土耳其的各种生活情况,然而要去的那个地方一片荒芜,没办法带着家人一起过去。

看看现在发展起来的土耳其,根本无法想象当时的情景。那时小商店里的货架上压根就没什么像样的商品。那是1982年，正值土耳其国家信用破产之后，完全没有任何高质量的进口产品，有的只是劣质的国产产品。更糟的是，土耳其当时处于严重的通货膨胀，商品价格每周都在上涨。

当时可供外国人居住的公寓非常少，在好不容易凑齐家具的房间里，让人感觉美好的只有窗外的风景。因为当时没有窗帘，只好将床单挂在窗户四周的挂钩上作遮挡。家人来土耳其玩的时候诧异地说："土耳其的窗帘怎么拉不开啊？"我也只能无奈地笑笑。

在这种非常恶劣的生活环境下，被外派到伊斯坦布尔的日本人也只有几十个，日本人的学校都在遥远的安卡拉，也没有国际学校。

不仅如此，土耳其和伊朗、伊拉克相邻，地缘政治关系非常紧张，我感觉每日都身处战争的氛围之中。这种状况下根本无法带家人来生活，因此我只能含泪只身赴任，一个人从零开始创立事务所，并开始推进自己所负责的中近东地区业务。

当然，这段经历也造就了后来的我。

我也非常庆幸当时没被派往更受欢迎的美国和欧洲。因为通过多年外派，我切身感受到世界并不是只靠白人文化铸

第 4 章
敏感是最强的竞争力

造起来的。而且,在美国和欧洲,因为公司很大且发展得很完善,自己去了也只能作为螺丝钉发挥作用,公司不可能将一整块的工作交给我来处理。更何况因为不可能积累运营整个公司的经验,所以也无法以主人翁精神全力以赴地工作。

而且在那之后,反而是我发奋工作过的这些发展中国家得到了突飞猛进的发展,可以说现在这些国家更具有吸引力。年轻时在那些有吸引力的部门工作过的经验,反而没能让自己的职业生涯更上一层楼。从这个意义上讲,我年轻时能在东南亚的泰国和中近东的土耳其积累工作经验,是非常幸运的。

不要把自己受的苦传递给下一代

现在虽这么说,但当时我的心情确实非常糟糕。

一个人上班不说,回到家里也是一个人。自己做饭,通信也只有价格昂贵的固定电话,因此和家人基本没有机会交流。其他中近东的国家都有外国人聚集的居住地,专门针对外国人的生活设施也很完备,但当时的土耳其完全没有任何便利外国人的配套设施。仅仅自己一个人,要融入生活、文化完全不同的土耳其社会,真的非常困难。每天都被强烈的孤独感笼罩着。

当然，为了能使普利司通在全球竞争中生存下来，必须有人去开拓中近东市场。偶然的机会，这个任务交到了我的手中，因此我也没道理心生怨恨。

但是，看到那些可以带着家人一起去美国或欧洲这样环境优渥的地方赴任的同事，自己也无法对当时的落差释怀。在土耳其任职期间，我都一直心怀苦楚。有时候也会向前辈们吐吐苦水，但那个时候他们却这样和我说："我那个时候经历的比你这个严峻多了，这算不了什么。"

确实如此。比我早来中近东的前辈们，确实受了比我更多的苦。因此，我只能把苦水往自己肚子里咽，对于他们的这种回应，也只是附和着笑一笑。但我是这样想的，如果自己不得已经受了这些困苦，那为了不让下一代有同样的遭遇，我们不是更应该努力地去改善吗？这个想法一直都埋藏在心底，指引着我。

痛苦才能使人真正地成长

在成为泰国普利司通 CEO 后，我站在指挥员工的立场上，一直提醒自己要用心做到将每一项工作落到实处。自己在年轻时候经历的痛苦和艰辛，不能让其他员工再经历一遍，我一直致力于将此信念具体化。

首先要做到贯彻公平，不能让员工感受到不平等。只要

第4章
敏感是最强的竞争力

是普利司通的员工，无论是蓝领还是白领，无论是来自发达国家还是发展中国家的员工，都应该受到平等的对待。因此，无论在职场环境还是员工福利等方面，我竭尽所能让大家没有差异。

在建立工厂的时候，我也充分考虑到了这一点。

当时很多日本企业为了获取价格更低廉的人力成本和土地成本，经常将工厂建在远离城市的工业用地上。我不知道欧美国家是什么情况，但发展中国家的偏僻地方环境真的非常恶劣，根本无法带着家人一起生活。因此我拒绝了在偏僻的工业用地上建立工厂的提案，而是最终选择将工厂建在能让员工带着家人从日本一起过来生活的地方。

能做此决策的，只能是领导。

也就是说，让员工避免经历自己年轻时候经历过的苦楚，这也是作为领导的工作。"我那个时候经历的比你这个严峻多了，这算不了什么"，我认为作为领导绝对不应该说这样的话。

这样一来可能会有人反驳说："这不就太宠溺现在的年轻一代了吗？"我想说这并不是宠溺，这只不过是作为领导改善了让人感到痛苦的环境，尽到了自己应尽的义务而已。

真正的严厉，指的不是这些。

原本工作就是很严肃的事情。能让客户满意、能在竞争中超越对手，都是非常严肃的事。对于年轻人，只要能够做到直面这些挑战、对工作全力以赴就可以了。对于领导已经做好的决策，要严肃对待。能够贯彻这种严肃态度，就是在真正意义上锻炼年轻人。

20

要做战略上的吝啬鬼

慷慨大方的领导会让公司衰败

"那人真小气啊!"

听到类似评价的时候,心里的确不好受。

被大家称赞慷慨,才算真正懂得人情世故。然而,慷慨大方的领导,虽然短时间内会受到下属的欢迎,却不会长久持续,更可能会带来让公司有从根本上腐败的风险。

赚钱可不是半途而废的事,如果慷他人之慨,使用一线员工为公司辛苦努力赚得的钱,那么公司的积累很快就会被挥霍完。领导的松懈也一定会带来员工的松懈,使公司上下浪费成风,整体会变得非常脆弱。这种状态一旦形成,是很难一朝一夕改变的,只会将公司逼上绝路。

因此,我坚持要做"吝啬鬼"。绝不乱花一分钱,能节约的地方一定节约。而且将这些原则同样贯彻在细枝末节的事项上。

　　上任泰国普利司通总经理之后，当时的办公室从公司成立起就一直在使用，因此屋舍老化，事务所里也杂乱无章。办公室里物品的整洁程度反映了整个公司的秩序，在井然有序的办公环境里，业务能够有条不紊地进行，资金的使用也张弛有度。因为这些道理是我从过往经验中习得的，因此感觉到需要立刻对当时的工作环境进行改善。

　　有一天，我自己在公司加班，正好需要复印资料，走到放置在角落的复印机前，我被眼前的情景惊呆了，废纸废料杂乱无章地散落各处，简直如同垃圾堆。

　　根据和复印机公司的协议，如果复印机在正常使用中产生故障，复印有瑕疵的纸张会给折价优惠。尽管如此，因为大家觉得整理复印失败的废纸很麻烦，就任由其散落在那里，日积月累，已经堆积如山。我当时的想法是，这种做法决不能延续下去。

　　第二天，我就以书面形式告知员工，复印失败的纸张要整齐地放进箱子里，然后联络复印公司给我们打折。当时大家不得不整理经年累月积攒的废纸，苦不堪言，抱怨新来的社长还管这么琐碎的事情。但为了使他们能够坚决贯彻节约成本的工作思路，我也只能明确地向他们表达我"吝啬"的立场。

　　之后，我继续保持这种态度，如果有任何我感觉不妥的事情,就一定及时指出来,不断地向大家传递"要坚决杜绝浪费"的信息。没过多久,公司里就慢慢认同并贯彻了"无论何事都要从简"的方针和策略。

低成本运作会让公司走向灭亡

然而"吝啬"并不是我的本意。

为了吝啬而吝啬,会让公司走向衰亡。我们经常会看到习惯于靠削减经费来确保收益的公司经营者,一旦公司经营状况恶化,就开始"低成本运作",把能削减的都削减了。这样做虽然使数字(收益)上去了,但这种一边倒的行为会最终让公司走向衰败。

低成本运作的手段只会让生产规模一再缩小。经营状况恶化只能说明由于某种原因公司在业务结构方面出了问题,如果不转换这种业务结构,就不可能让公司再次回到高速发展的正轨上。如果置之不理,只是单纯从社交经费、出差经费等方面下手,员工的工作热情一定会受到影响,这样根本不可能使公司重获新生。

因此,我一直标榜的是精益战略(lean & strategic),也就是说通过贯彻"吝啬",在塑造精干且健全的体系的同时,将剩余资金用于战略性投资。这里,最重要的是同时保有"lean"和"strategic"这两个特性。只要做到这一点,就能提高公司的经营质量，最终实现企业的持续成长。

收益不是勒紧裤腰带挤出来的，而是创造出来的

公司是因什么而存在的？我们究竟是为什么工作？

很简单。通过对资金、劳动力、知识等公司资源的投入，创造出有价值的事物并获得相应的回报。另外，通过对获得的收益进一步再投资，最大化公司对社会的贡献。社会因而变得越来越丰富多彩，企业能获得持续成长，参与工作的人也能感受到喜悦和幸福。所谓的战略投资其实就是聚焦社会的本质。

所以，低成本运作是完全偏离经营本质的。通过控制成本而获得收益，可以说从根本上放弃了企业本身应肩负的使命和价值。

企业为了创造价值，应该在刀刃上投入大量的资金。为了将投资效率最大化，就要贯彻"lean"这个原则。而且企业一旦能成功地向社会输出价值，收益也会自然而然地紧随其后。也就是说，收益并不是靠削减成本得来的，相反是创造出来的，因此"lean & strategic"才是正确的思维模式。

"lean & strategic"是作为领导的不二法则

我一直在贯彻"lean & strategic"。

第 4 章
敏感是最强的竞争力

以集约利用复印失败的纸张为契机,我在贯彻"不浪费一分钱"的原则的同时,也积极推进了很多必要的投资。

最先推进的是对于职场环境的改善。因为办公室越来越陈旧,我们把赚得的钱优先用在了房屋的修缮上。办公室紧邻马路,环境嘈杂,我们重做了双层玻璃窗,又将窗帘和地毯也全部置换成新品。因为办公空间很狭小,因此也加高了楼层,将机器设备置换成新的。

经过对办公环境的大力改善,员工的工作热情大大提高。起初大家普遍认为我是个吝啬鬼社长,现在也逐渐明白节约下的钱最终会返还到对自己有益的投资上来。后来不用我唠唠叨叨反复强调,大家也开始积极贯彻节约的原则。

另外,在大家工作热情高涨的同时,因为有了良好的工作环境,每个人的工作效率都越来越高,业绩自然也慢慢增长上去了。如此一来,我们将再次获得的收益又进一步投资到对工作环境的改善上。这样又鼓舞了大家的士气,业绩持续增长。像这样,公司慢慢地进入了良性循环。

最终,我们的事务所搬进了市区里最好的写字楼,陈旧的工厂事务所也变成了充满现代气息的新办公室。以往,每当我问员工时,大家都说:"那么破旧的楼,根本不好意思带亲朋好友来参观啊!"因此我萌生了这样的念头,要将我们的办公环境改造成让大家都引以为傲的场所。大家对此都甚表欢喜，工作热情也达到了新的高度，这也成了确保公司在泰国市场占有率第一的原动力。

因此，我深信，领导必须成为有战略眼光的"吝啬鬼"。为了创立精干的组织体系，必须要坚持"吝啬"。"吝啬"是提高经营品质的原点，但一定要注意不能掉进"低成本运作"的陷阱中去。重要的是在"吝啬"的同时，为了创造价值进行积极且有效率的投资。

21
要尽量隐藏你手里的权力

把权力的刀收起来

公司是什么?

我认为是具有共同事业追求和理想的人团结在一起将其实现的场所。也就是说,公司存在的根基是"理想"。为了实现理想大家建立起互相信赖的关系,因而就产生了某种特有的秩序,这就是公司管理的原则和基础。一旦对此准则敷衍了事,那么公司一定会走向衰败和灭亡。

虽这么说,但现实总不能事事如愿。为了实现理想,凭借员工自主能动性来建立公司的内部秩序是难上加难的事情。有人的地方就有江湖。为了驾驭那些反对势力,权力是必不可少的。在泡沫经济之后,中坊公平先生(律师,住宅金融管理机构的社长,主要负责处理回收住宅方面的不良债权)在回收当时的不良债权方面取得了很大成绩,他曾经提出问题的解决要靠"正面的道理、侧面的人情以及背面的威胁"这三个维度。我们要认识到,"背面的威胁"才是驾驭公司真正不可或缺的力量。

当然,我们尽量不使用"威胁"。

因为一旦使用权力,一定会招致反感和憎恨,从而产生反面效果。本来,下属在工作的时候就会经常有意识地注意领导背后的权力,即使领导没打算使用权力,下属也已经感受到了十足的压力。因此,有时他们会过度忖度上司的意思,进而影响了整个公司的风气。为了避免这种事情的发生,领导要尽量注意收起、藏好自己手中这把权力的刀。

不是靠权力而是靠实力来发挥领导力

不使用权力,领导应该通过何种形式向员工彰明自己才是领导呢?

其实很简单,除了展示自己的实力之外别无他法。如果一味地想通过自己的权力来获得认可,那么在招致员工内心抵触的同时,也只不过是让大家看到了"应有的秩序"而已。如果让大家看到了自己的实力,且能够让员工从心底认为这位领导值得追随,那么才会产生真正意义上的秩序。

我在收购火石公司之后的二十多年整合过程中深刻地认识到了这一点。

第 4 章
敏感是最强的竞争力

1988年刚刚完成收购时，整合火石可以说是致命的难题。当时，因为我是直属于社长的秘书，亲眼看到了家人先生所经历的焦虑。他一方面必须让火石的上层以及员工清晰地意识到自己才是率领普利司通的最高领导，另一方面，如果一味地依仗着自己的权力发号施令，风险也很大。

首先，虽然当时火石的经营状况已经非常恶劣，但因为是美国的一流企业，火石员工的自尊心很强。很明显的是，如果做了任何一点有损于对方自尊的事，一定会招致双方关系的持续恶化。而且，由于火石一直以来是"美国的骄傲"，如果应对不好也有可能引来整个美国社会的敌意。

另外，当时日本企业都像普利司通一样，缺乏并购的经验。而火石是比普利司通历史更悠久、在世界范围内更负盛誉的国际知名企业。真的硬来的话，我们一定会处于劣势。因此在收购之后，我们非常明白不能采取强硬手段来应对问题。

尊重对方，反而能使权力在瞬间发挥作用

之后的二十几年间，我们如何确立了坚实的领导力呢？

我认为是由于我们自始至终坚持向对方展示我们真正的实力，这是根本推动力。

收购之初，我们一直尽量避免介入火石的人事管理。在

外界看来，我们的决策显得保守拖沓、没有紧张感，但事实上家人先生铺垫了一条更为现实的道路，那就是通过时间向对方证明我们的实力。

在经常向对方表达敬意的同时，我们通过分享普利司通在调配资金、材料技术、产品开发技术、生产技术、品质管理、销售等各个领域所拥有的经验，切实解决了火石当时面临的问题。通过这样循环往复，随着时间的推移，双方逐渐开始了真正意义上的整合。

当然，仅靠稳妥路线也不可能顺利完成整合。

实际上，家人先生也没有只坚持走稳妥路线。我至今都记得一天家人先生和我说："我一会儿要和火石领导层的关键人物会面，宣布管理层的变动，你和我一起吧。"面对当时态度还稍显傲慢的火石领导层，家人先生丝毫没有畏怯，毅然地传达了管理层的人员更换。我们会尽可能减少变动，但必要之时也要让对方明确我们会在需要时果断行使我们的权力。

也就是说，我们在尊重对方的同时，也要适时地行使自己的权力。这方面，家人先生向我展示了他的卓越手段。

家人先生的后任 CEO 们也同样在火石的重建道路上展示了自己的果决。关于火石的管理体制，我们在通过权力介入后推进了一些改变，也尽全力开展了事业重组，成功地使常年业绩赤字的火石扭亏为盈。然而在此之后，火石发生了召回事件。后任 CEO 们在解决此问题的同时，再次回归了稳妥路线，在此基础上将公司经营的接力棒交到了我的手上。

像这样，普利司通在通过权力改善公司经营的同时，也在一如既往地贯彻着向对方展示自己实力的稳妥方针。我因而也得以亲身体会能够将"强权"的负面效果降到最小的经营思路。

通过这段磨合，火石一方也不得不承认普利司通是非常有实力的。两家公司无论领导还是一般员工都朝着一体化的方向努力。我们将火石面临的棘手问题一个一个地解决，在推进两家公司所有部门整合的同时，不同文化的跨国大型企业由此诞生了。

能够亲眼目睹这二十几年的整合过程，对于我来讲是一大笔人生财富。领导的根本并不是权力，而是实力，这才是确立平和表象背后领导力的最好方法。

在这世界上，有想通过高低贵贱来展示领导力的人，但通过这种方法确立的领导力是非常脆弱以及危险的。只有向对方表达敬意且通过实力说话才能真正确立领导力。

要冷静而果断地施展领导力

对于那些想要破坏领导力且打乱整个指挥系统的人，我们只能通过行使权力的方式予以制裁。这种时候，必须冷静且果断地来应对，重要的是做到公平公正。如果对于明显违反规定的人或事视而不见、放任自流的话，只会制造不公平且招致团队整体氛围的萎靡，因此有必要严加处理。

另外，对于那些已经给予了全面支持但依旧没有拿出业绩的人，也不可避免地需要通过权力来解决。当然，对于年轻人来讲，给他们适宜的成长环境是首要的任务，因此不需要行使强权。年轻人即使没有拿出成果，责任也应该在领导，因此需要领导认真反思。然而，当员工沿着课长、部长、董事一路升职却依旧拿不出业绩，那就需要通过权力的手段来处理问题了。

对于新上任的课长，不能允许他在和大家打招呼时说"今后我要好好学习，为了能够取得好的结果而努力"。因为在未上任领导时是在培养阶段，这段时间慢慢学习是没有问题的，一旦成为公司管理层，就意味着培养阶段已经结束，且高层对于领导者的期待是靠成绩说话的。如果没有成绩，作为领导需要做好接受相应处分的心理准备。

一旦成为管理层中的上层，面临的考验就更加严峻。

我担任普利司通欧洲公司 CEO 时，在不得已的情况下解雇了好几个子公司的 CEO。

当时，普利司通欧洲公司的整体财务状况都很糟糕，而且对于各国子公司的统一管理也十分不到位。因此，我在尊重各分公司自主权的基础上，也试图通过公司的实力来解决它们的问题，从而协助各家分公司建立坚实的领导力。之后，欧洲分部整体虽然呈现出经营状况改善的迹象，但仍可以看到有几家公司止步不前，不愿改变。

因此，我找来这几家公司的总经理谈话，在提出改善建议的同时也表明了会给他们提供全面支持的态度，并明确提出在一定期限内应该完成的任务、目标额等。之后，我竭尽全力践行自己的承诺，积极给予各家子公司经营上的支援。

即使如此，仍然有公司没有改变固有的经营方式，过了期限仍没有达成目标。这个时候，我就决定解雇这些子公司的总经理。当然也有总经理对此表示强烈抗议，但我不会听他们的任何辩解，单纯地行使了我作为 CEO 的权力。

其他大多数努力真诚地经营子公司的公司领导，对我的果断处分完全认同，同时也明白了我手中的权力不是虚设的，普利司通欧洲公司及下属分公司也普遍有了紧张感和敬畏感。

第 5 章

一切源于理想

22

要成为胆小的理想主义者

领导力与年龄和职位无关

理想和当下,我们都在夹缝中不遗余力地生存着。

对于没有理想的人,只会被当下所左右,而不呼应当下的理想也都只是痴梦一场。所以重要的是如何平衡理想和当下两者之间的关系。不过,为了成为优秀的领导者,我认为有必要从理想出发。

人对于追求理想这件事情会感知到真正的喜悦。让人愉悦的工作究竟是什么呢?我认为除了实现有吸引力的理想之外别无其他。没有人会觉得一直应付当下的工作是开心的,而且做有趣的工作才是培育领导力的根本所在。

正因为目标具有吸引力,才会引起员工的共鸣。而当他们看到为了实现目标而不断努力的人们,并产生了想去协助的想法时,那就产生了真正的领导力。也就是说,理想才是领导力的根本所在,这和年龄、地位完全没关系。

大家应该都有过这样的体会。比如,对于进入棒球队的孩子,因为他们想让团队强大并在比赛中获胜,所以每天都聚集在一起训练。每当看到这样的情景,我们也会不自觉地想为他们加油。比如在训练时给他们带点喝的东西,或者在比赛时去现场为他们呐喊助威。我们看到孩子们为了共同的目标努力时,会因此而产生共鸣并为之行动。这里,发挥领导力的就是这些孩子。

迟钝的理想主义者,注定会败给现实

进入公司第二年的我,在挣扎于泰国公司的库存管理时对此有过深刻体会。

那时正值工厂在建,员工每天都在拼命工作,非常辛苦,这种压力也直接导致了负面情绪的积累。因为很忙,所以大家根本无暇顾及库存管理。这样一来,又导致了订单错误而发生退货,现场更加忙乱。与此同时,我又被总部要求赶快作出应对,库存管理进而更加散乱。为了改善这种情况,我不断向大家说明进行库存管理的好处以及可以达到的效果,强调如果能够贯彻实施库存管理,大家都会轻松很多。

我第一时间亲力亲为,逐步进行改善。一旦工作由此而变得轻松了，那么对此目标产生共鸣的同事就会越来越多。其实也不用我多说什么，大家最终自发组成了改善小组。

这是我第一次亲身体会到理想和目标的力量，从此之后直至卸任公司 CEO，我一直都将目标与理想作为所有工作的出发点，并养成了这种习惯。

不过，我必须做一位胆小的理想主义者。

就像我刚才所说的那样，不能呼应当下的理想，充其量只是痴梦一场。这样的理想主义者最终一定会败给现实。特别是随着职位的不断提升，我们向大家描绘的理想也会越来越宏大。这个时候，如果脱离"现物、现场、现实"这三现的话，一定会招致现场的不满。因此，我们既要描绘理想，也要用谨慎的眼光去审视理想与现实的距离。确立切实可行的目标，这才是产生能够发挥作用的领导力的关键。

奔向理想的车轮可以自然转动

如之前所说，在我担任泰国普利司通 CEO 的时候，办公室和工厂都已经非常陈旧了。我因此树立了这样一个目标，无论是白领还是蓝领、来自发达国家还是发展中国家，只要是普利司通的员工，我们都应该让其享有平等的工作环境。因此在听到有员工叹息说"我们的办公室太寒酸了，都不好意思带朋友来"时，我就想为大家创建一个能让他们感到自豪的工作环境。

然而，我们当时没有充足的资金创建豪华的工作环境，而且即便是有，将其全部用掉也不是上策。只有让员工意识到"这是通过自己的力量才创建的最棒的办公室"才真正有意义，如果只是公司"施舍"的话，有可能会使大家的自我要求降低。

因此，减少复印纸张的浪费、节约用电等，我们开始在细枝末节处厉行节俭，以通过这种方式省下的资金去改善职场环境。这样，可以让员工切身体会到，通过自己的努力可以改善与己相关的工作环境。

这一决定非常有效果。对于我承诺的理想和目标，大家也相信这不只是嘴上说说而已，从此怀揣希望，意识到只要通过自我努力就能让工作环境变得更好。此后，员工不仅在避免浪费方面，而且在提高销售、利润等方面也开始更加积极努力。最终，我们在曼谷市中心这样地段一流的地方开立了事务所。

如此，向大家描绘理想的同时，展示更切实的目标，与员工共同努力，一旦最初的目标实现，朝理想努力前行的车轮就自然而然转动起来了。

23

领导要成为"艺术家"

只解决问题并不能成为真正的领导

我认为胆小的理想主义是优秀领导应该具备的特质。没有理想的人,只会埋首应对眼前的问题,这样无法给团队带来活力,更重要的是也没有任何发展可言。理想是团队前进的催化剂,也是引导公司持续成长的原动力。然而,不从现实出发的理想主义也不过只是痴梦一场。因此,既能够冷静清楚地从现实出发,又能谨慎地描绘出理想的领导才是最出色的。

擅长解决问题充其量是能力强的人,但还不能称之为真正的领导。也就是说,被动地解决问题,即使能力发挥到最大也只能到达盈亏平衡点,并不能带领团队获得真正的成长。

因此,作为领导,必须能自己创造课题,也就是说成为创新者。

领导的首要工作是描绘理想，也就是未来应有的状态。填补理想和现实之间的距离，就是领导自己应该创造的课题。

作为领导需要和员工一起思考解决问题的方法并加以实践。能为团队开拓新的视野，这种主观能动性才可称为真正的领导力。当然，领导也必须善于解决问题，但创新才是作为领导的本质，这一点无论强调多少遍都不为过。

优秀的领导就好比画家

可能是我在学生时代参加美术社团并一直画画的原因，我认为作为领导描绘未来应有的状态和当我面对一片空白的校园，想象着在校园里应该完成怎样的画作，感觉是非常相似的。

首先最重要的是校园本身的存在。就如同校园有边界，领导描绘理想的范围也不是无限大的，一定会有预算、人员、期限等各种各样的制约因素，因此我们是在有边界的校园里想象用怎样的构图描绘出理想。

在担任泰国普利司通总经理时，如果想要建立第二工厂，纵观公司可用的资金等资源，需要在其允许的范围之内从劳动环境、环保、生产效率等所有方面想象一下公司未来的模样，比如"能够成为全球标杆工厂""成为让员工、贸易伙伴以及当地引以为傲的工厂"，等等。这样，我自己心中就大概描绘出了未来应有的状态。

这个阶段有个大概的设计和框架就已经足够了。

当然，理想也必须具备能够鼓舞员工士气的魅力和说服力，但如果过多地描绘细节却弊大于利。能力有限是部分原因，此外，如果领导都把过多的细节规定好的话，只会使员工丧失发挥主观能动性的机会。

因此，领导应该全力以赴地向大家明确展示"成为全球标杆工厂"以及"能让大家引以为傲"这些未来愿景的内容。同时向大家寻求帮助，"我想建造这样的工厂，你们可以助我一臂之力吗？"像这样激发每一位员工的贡献欲才是最重要的。

在此基础上，再将细枝末节处描绘到最初设计好的框架中去。这一阶段最好是大家都能踊跃参加，领导也不必过多地掌控细节，重要的是能够倾听每个人的意见。

了解细节的一定是在一线工作的员工，只要能让他们对领导展示的愿景产生共鸣，他们就一定会在细节处提出切实可行的意见。只要广泛听取他们的意见，一步一步地去描绘未来愿景，自然可以收获美好的图画。

领导应牢牢地掌握核心概念

在这个过程中最重要的是重视员工的自主意志。对未来愿景能够产生共鸣的员工，在其各自精通的领域发挥专长，往往会让整个项目进展超乎我们的想象。

在泰国建立第二工厂时就是如此，对我们的热情产生共鸣的承包商，即使我们的资金不太充足，他们也拿出了远远超出我们期待的设计图。

这样一来，不只提高了我的干劲，也鼓舞了整个团队的士气。起初由我发起的项目，通过尊重每位员工的自主意志也激发了他们的领导力，最终反倒是我被他们带领着，我们整个团队的生产力也因此得到了飞速提升。所以领导最好不要掌控太多细节的东西。

当然，把握方向盘的一定是领导。因此要牢牢抓住"未来愿景"这个核心概念，防止偏离轨道。

另外，审视整体的平衡状态也是作为领导的重要任务。虽然员工都在自己擅长的领域提出最佳方案，但说到底也只是局部最佳，只将这些局部最佳汇总起来并不一定能使整体达到最佳状态。因为能俯瞰整体状态的只有领导，所以要尽好这项责任。

要尽可能少使用权力，而应通过反复向大家描绘未来愿景，努力培养每位员工关于整体最优的印象。

虽然有时会出现波折，但因为大家的一致目标都是想让项目成功，因此也会理解一味坚持"局部最优"这种想法是非常不切实际的。即使得到的是同样的结论,然而迫不得已得出的结论和凭借自主意志得出来的结论,在执行力上千差万别。

　　说到底,要珍惜每位员工的自主意志。欲速则不达,遇急则缓,这样反而会增强领导力。

24

别只关注眼前的危机，要有前瞻性

全世界的领导力在本质上都是一样的

所谓的领导力，不是勉强他人去工作。

勉强只会招致反感。相比之下，描绘出有魅力的目标和未来愿景，获得员工的共鸣才是最重要的。通过尊重每位员工的自主意志，进而创造出让团队能够自发运作的状态，如此才能产生真正的领导力。这些正是我在进入公司第二年负责库存管理后遇到阻碍时学会的。

从那之后，经历了光杆司令般的海外事务所所长、只有几位下属的课长和有十几位下属的部长之后，在担任泰国分公司 CEO 时，虽然和数千名员工共事，但在进入公司第二年学到的领导力让我更加确信，无论身在何处、与何人共事、团队规模多大，领导力的本质适用于任何场合。

之后，作为普利司通欧洲公司的 CEO，面对十几个国家的万余名员工，我将领导力体系化，把公司已经导入的中期管理规划改造成了一套自己的体系。

当时业内广泛普及了一套被称为中期管理计划系统的运作模式，很多公司都在使用。在我看来，这套体系大致分两层。第一层是将公司核心部门决定的计划直接用到现场，第二层是不断积累在现场确立的目标。然而，无论是哪种，我都认为并没有发挥"计划"应有的作用。

前者只不过是将管理层的决策一味地强加给现场，根本没有发挥现场员工的主体意志。因为这种思路只会让大家感受到强迫和压力，根本无法调动现场的积极性。而且，因为很容易脱离实际情况，所以只会让大家觉得"要不你来干"，当然不会有任何成果。

然而，一味地只积累现场经验，也无法使计划发挥作用。因为知道现场的严格程度所以很容易变得保守，而这样保守的计划也只不过是当前状态的不断延迟，所以无论积累多少经验也很难成就长远目标。另外，现场也很容易产生"局部最佳"的想法，而这又有损整体最优，如此一来，想要实现团队整体的最佳业绩基本是不可能的。

制定有效计划的简单原则

基于上述前提，我将普利司通欧洲的中期经营计划简略概括如下。

　　我作为 CEO，出发点是向全体员工描绘未来愿景。这个时候，我提出用三年时间让公司成长为兼具盈利体质和成长体质的公司，并将此目标传达给各家子公司的 CEO。在此基础上，各家子公司根据自己的现状，制定各自的未来愿景，并据此决定中期经营计划。子公司的计划全部集中整合以后，欧洲本部再检查整体的一致性。如果有必要，会在尊重各家子公司 CEO 的自主性基础上进行深层次的沟通，在取得他们的同意之后进一步完成整合。

　　这样一来，在掌握每家公司的年度投资计划、人员配置计划等具体实施政策后，再决定时间轴上的中期管理计划，最终确立集团层面的可持续整体规划，并将此规划共享给管理层。这样，每年都将此计划逐级延长并不断循环，最终一步步达成最初描绘的愿景，这就是我们所创造的体制。这个中期经营计划，无论是总公司还是子公司都不允许擅自更改。如果必须更改的话，一定要与大家协商，在得到互相认可之后再进行变更。也可以说这是以往两种类型中期经营计划的混合体，我只是总结了本应有的制定计划的方法而已。

　　为什么这么说呢？我想做的只不过是将领导力的基本框架总结出来而已，简而言之就是领导要描绘出具有魅力的未来愿景，对此产生共鸣的员工能够发挥自己的自主性来开展工作。本质上这与我进入公司第二年所做的事情没有任何区别。

领导力其实非常脆弱

然而最重要的并不是体系。

最重要的是让体系发挥作用的道理和原则，这才是本书一直强调的领导力的坚定法则。如果忽视此原则的话，这套体系就没有任何生命力可言。

要珍视每家公司 CEO 的自尊心以及他们的自主意识。即使业绩恶化也不要急于责备，而要考虑怎样做才可以实现目标。在清楚什么才是符合目的的言行之后，需要鼓足勇气，元气满满地返回到前线工作。看到领导充满活力，现场员工也一定会受到鼓舞，最重要的是，CEO 也一定会开始尊重现场员工的自尊心以及自主意志。由此产生的干劲才是推动项目实施的强有力的动力。

必须要重视"现物、现场、现实"。我为了描绘未来的整体愿景，会尽可能地去感受现场，并倾听现场的意见。这个过程是不可或缺的，也是描绘愿景的首要前提。如果不能深刻理解现场的难处，就无法描绘出能让现场员工感受到魅力的未来愿景。

领导力是很脆弱的。如果偏离这些原则和道理,就会轻易丧失领导力。因此,为了不偏离正轨,需要时刻留意细节。这也是我对自己的要求。

如此一来,此体系就会发挥它的威力。

对集团整体的未来愿景产生共鸣后,各家公司的CEO也一定会对目标全力以赴。因为是发挥各自的自主意志共同制定的目标,因此在实践时不会有任何犹豫且能非常自信地和员工进行沟通交流。就像前面所说的一样,无论我们如何支援都不改变经营方针的CEO,我们不得不将其辞退,这也进一步坚定了公司上下向目标迈进的决心。

欧洲分公司制定的三年计划在第一年时也曾遇到一些困难,大家吃了不少苦,但因为下一年度就可以照着前一年度的进展情况略加修正,因此之后实施得非常有效率。总部既能意识到各子公司的现状,各子公司也能聚焦于整体最优的愿景,因此彼此沟通交流起来更加顺畅,事业发展更上一个台阶。

结果就是,在我任职普利司通欧洲公司CEO时,虽然集团整体的经营状况非常严峻,但也达成了在中期经营计划中设定的"打造兼具盈利体质和成长体质的集团"的目标。

更让人欣慰的是,在我即将卸任欧洲CEO回日本总部之时,有几位子公司的CEO来造访,并向我表达了谢意。

这也是我在职场生涯中最欣喜的时刻之一。

和 14 万员工一起共享未来愿景

就这样，对中期经营计划非常有信心的我，在就任总公司 CEO 时也决定把它导入公司整体。日后，在遇到像 2018 年金融危机这种意料之外的突发事件时，中期计划为普利司通在风暴中化险为夷发挥了巨大的作用。

就任 CEO 后，我立刻将公司的未来愿景描绘成"成长为名副其实的世界第一"，将定量目标设定为资产收益率（ROA）6%，同时也将定性目标定为"转变成兼具盈利体质和成长体质的公司"。我和世界各地的分公司总经理进行了大量的沟通和交流，与此同时也制定了为期 5 年的中期经营计划。

其中，作为重点课题，我倾注全力于整合强化分布在全世界各地的工厂。从收购火石开始，因为事业规模得到了扩张，在继续运营国际竞争力相对较低的工厂的同时，我们更迫切需要新建产能更大更强的工厂，新建工厂要能生产出成为今后收益顶梁柱的战略性产品。也就是说有必要在"lean & strategy"这一方针指引下重新布局我们的工厂，而且还要尽快。

然而，这不是一项简单的工作。为了满足眼前的需要，必须让已有的工厂全面运作，在工厂改制的过程中，万一供给量下降再招致别的问题，会很容易被其他公司趁机一下夺去一部分市场，导致再也无法翻身。从经销商的角度来看，如果一家公司的产品中出现残次品的话，那么去找其他供应商也是非常正常的。

因此，同时开展整合已有工厂和建立新的工厂是非常有必要的。然而实践中我们很容易倾向于先对旧的进行整合，然后再开始建立新的，这就是现实。因此在工厂改制的时候需要谨慎再谨慎。有必要尽快实现此目标，但还要在进退两难的情况下制定中期经营计划。

我们不能只聚焦眼前的危机，还要凝视危机的前方

不幸的是，在我就任 CEO 第三年时（2008 年），全球性的金融危机爆发了。

与此相伴的是轮胎需求也大幅下降。公司内外一片骚乱。在这种情况下，很多人都来问我："发生了这么严重的事情，我们的中期经营计划要泡汤了吧？"

我明确回答道："确实，因为情况发生了改变所以要有一定程度的修正，但没必要改变最基本的框架。"

未来愿景作为中期计划的目标，本来就不应该因为金融危机的发生而改变。的确，金融危机是一个很大的变化，然

而经营环境的变化也是制定中期计划已经考虑到的前提条件。虽然我们需要去适应环境的变化，但没有必要更改未来愿景。如果未来愿景需要因为环境变化而不停做修改的话，那么就不应该将之作为未来愿景。

我对大家将金融危机看作百年不遇的灾难而因此恐慌的说辞感到非常不适应。当然，显而易见的是市场需求的急剧下降会引起未来业绩的不断恶化，这确实是客观现实。但我们不能只着重应对眼前的危机，还必须着眼于由于外部危机而引发的公司内部的危机，如果能从这个角度来俯瞰当下的话，可以说金融危机也正是千载难逢的机会。

计划是为了应对变化而存在的

平日里，我们不关闭那些全球竞争力相对较低的工厂而让其持续运作，是因为要应对当下的需求。然而，金融危机之后，市场需求下降了很多，这正是关闭工厂的最佳时机。如果不趁着这个机会关闭的话，未来我们会面临更大的危机。因为金融危机之后，世界的经济体系会重新确立。一旦轮胎的需求再次回到以往的水平，我们就再也不可能关闭那些竞争力低下的工厂，而必须让其再次运转起来了。

因此，趁着金融危机还没过去，我将工作重点放在关闭工厂以及新开辟生产基地上，然而还没等到我的指示，各家工厂的总经理都一个个先行向我提出了计划和方案。

这就是"能够发挥作用的计划"的精髓所在。

如果我们没制定中期经营计划会怎样呢？

即使我是公司的最高管理者，如果强行做出关闭工厂这种对业绩有极大影响的决定，那也绝对不合理，因为那样只会让公司整体都被卷入毫无基础的讨论中，也更不可能立刻判断出这是由于金融危机而产生的绝佳机会。总而言之，根本无法发挥领导力。

不过，在最初制定计划时，经过反反复复的讨论，大家已经对中期经营计划中关闭工厂这个决策有了共同的认知。同时，因为预算早已确认，所以只要让大家认识到这是对于计划的提前实施，那么就可以立刻行动。

所谓计划，其目的并不是一旦确定后就必须严格遵守，倒不如说是为了随时应对变化而存在的。将此计划适时适地和员工分享，一旦有特殊情况发生的话就可以立刻发挥自己的领导力。

当然，这个时候的财报数字会极度恶化。

在市场需求不断下降的情况下，还要支付关闭工厂的高额费用。搞不好，普利司通可能会经历上市以来的第一次经营亏损。不过我最担心的是管理层为了避免赤字而对关闭工厂这一决定产生动摇，因为这对普利司通的未来来讲是最糟

第 5 章
一切源于理想

糕的做法和选择。

我还担心大家在数字上做文章。

如果社长不停地向下面的员工施加压力说"我们绝对不能出现赤字",那么大家就有可能不得已做出粉饰财报的事情。想象一下过去由于粉饰财报而落魄的那些企业,就很容易明白其严重程度了。

因此,我反而明确和大家强调即使出现赤字也没关系。多亏了员工的努力奋斗,最终我们成功避免了亏损的情况,但更重要的是,我们在金融危机期间,一鼓作气完成了工厂的改制。ROA 也实现了初期制定的 6% 的目标,并成功构建了兼具收益体质和成长体质的事业基础。

在这里我想强调的是,金融危机之后,作为总部 CEO 的我,并没有向大家做出什么特别的指示,而是各家工厂的总经理自发地提前实施了我们的计划,我也只不过是适时向大家追问一下进度和结果而已。

也就是说,我其实什么都没做。这让我感到非常欣慰和鼓舞。因为在制定中期经营计划的过程中,各家工厂的总经理在共享了未来愿景之后,自主发挥了领导力并让此项目得以完成。我在想,这难道不是真正的领导力吗?

25
为下一代留下沃土

优秀的领导看上去无为而治

领导不是参与比赛的运动员，员工才是真正的竞争者，靠他们的积极参与公司才能收获满满。也就是说，领导并没有为公司赚取一分钱，也没有做任何一件可以直接得出结果的事情。这么说或许更贴切，优秀的领导乍看上去似乎什么都没有做。

因此，虽然不必常挂在嘴上，但领导对于在工厂拼命劳作并拿出成果的员工，要心怀感激。认识到他人的付出及其价值，也是领导力的一部分。

不过，领导并没有赚取一分钱并不是什么负面的评价，因为把主动权交给现场才是最重要的。领导应该做的是，为了让员工更加活跃或者为能让工厂更容易产生效益，而为其提供最舒适的环境和条件。如果不牢记这一点而一味地随意插手和干涉，那么只会给员工带来更多的困扰，最终使自己丧失领导力。

我相信，所谓经营就是要设定框架。

规定战略的、团队的以及业务的框架，提高现场员工的工作士气，为他们提供完备的工作环境并创建能让团队发挥最大能量的体制，这才是真正的经营。

有了成就，最先要称赞的一定是将工作出色完成的员工。领导完全没必要太出风头，更应该让自己隐藏起来。如果员工可以不断参与、努力付出，那领导的业绩自然而然会得到提升，对此一定要心怀感激。

自我不过是沧海一粟

接下来就要将此架构传承下去。

在担任普利司通 CEO 时，一些不起眼的小事，总会让我感受到工作中的"小确幸"。

一次在泰国普利司通考察当地分公司运营时，由于偶然的机会，我看到了当地使用的出勤管理系统。让我惊讶的是，我在进入公司第二年时做的系统居然被当成模板。当然，系统已经改造得更加自动化，界面也更加简洁。不过这个雏形是我十几年前创造的，说真的，我非常开心。

同时我再次感受到，自己只不过是万里长河里的一滴水。自石桥正二郎创立普利司通以来，无数前辈经营出了现在的业务框架，才使我得以站在巨人的肩膀上。

小到我在进入公司第二年建立的出勤管理系统，大到家人先生决定收购火石，为了实现未来愿景，我们不断进行着改善和革新，因此才有了如今的普利司通公司。我自己也为了创建更好的公司而不断努力着，但一考虑到大河的蜿蜒，这些都不值一提。无论是社长还是一般员工，都只不过是万里长河里的一滴水，我们要时刻保持这种谦逊的态度，不忘初心。重要的是对前辈们创建的架构心怀感激并进一步优化此架构，然后传承给下一代。

尤其需要警惕的是，自己享受了前辈们创造的成果，而在传承给下一代时使沃土变成了荒野。那种在担任社长期间就将业绩归功于自己一人的做法，非常不可取。在任期间应对所有业绩都担起责任，在此基础上要努力给后继者留下沃土，这才是作为沧海一粟而应该发挥的作用。

即使背负罪名也必须做的事

作为普利司通 CEO，我还有很多做得不到位的地方，但我也用自己的方式致力于给后辈留下一片沃土（兼具盈利体质和成长体质的有机事业体系）。

沃土有两种，一种是前辈们苦心经营和开拓出来的，另

第5章 一切源于理想

一种是自己这一代耕耘出来的，作为领导要意识到这一点。

我上任后继承的就是前任社长们苦心经营培育的成果。公司创始人石桥正二郎先生是非常有前瞻力的人，在创业初期就从全球视野出发，并不断重复着思考以及实践的经验。从此以后，就如同万里长河一样，代代社长都继续着对世界舞台的挑战，并为了能够不断接近未来的愿景而一直不懈努力。

想想前辈们经历的艰苦，也绝对不能做有损于这片沃土的事情。最重要的是努力把公司创建得更出色并传承给后辈，这也正是我对传承来的沃土表达感谢的方式。我始终致力于公司创建以来最大规模的组织架构改革，正是为了使公司成长为名副其实的世界第一。

从收购火石之后，前辈们陆续扩大了普利司通在世界范围内的业务，公司也因此夺得全球市场占有率第一的宝座。然而，公司虽然不断发起新的建设项目，却没有能与跨国经营相匹配的组织架构，我认为这正是我应该做的工作。

从顾客的角度来看，轮胎制造商的组织架构根据轮胎的品种设立会非常方便，然而在我任职期间还没办法到达这一步。因此，最后我们决定在日本、美国、欧洲、中国、亚洲大洋洲、中近东非洲这六个板块以及特殊轮胎事业部和化工品事业部这两个独立业务领域，重新创建八个业务单元。

这八个业务单元在市场上从事经营活动，是产生收益最重要的组织体系。在明确了这一点的同时，为了对八个单元提供支持，我们建立了总部和全球经营的平台，以支援这八个业务单元的经营管理，进一步刷新了以往的组织架构图。

前辈们耕耘的沃土在我这一代进一步耕耘拓展，创建更深厚的未来发展基础。如前所述，对工厂的整合以及新建供给体制的架构，对长期研究开发的投资等事业战略的架构，以及对中期经营计划的导入等管理系统的架构，我们完成了对于这三个架构的重新整理。更进一步，我还致力于有关企业理念的修正，管理体制以及公司体制的强化，企业社会责任活动，以及包含环保理念在内的对于跨国企业来讲必备的架构的搭建。

功与过待离去时才能衡量

在金融危机发生时，我们面临着严重亏损的风险，优先着眼于完善组织框架。上市以来从未产生赤字的普利司通，如果陷入经营赤字，作为社长必定要背负罪名。不过，我没有去想这些，比起赤字，我还是把重点放在了未来的可持续发展上。

当然，我是否真正做到了可持续发展，这需要后辈们来评价。但就我而言，为了留下两种沃土，我自认为在考虑了所有因素之后采取了最佳方案。即便如此，也可能有人会评价说"荒川先生留下了隐患"。因为自己是胆小鬼，如果说没有这方面的担心那确实也不诚实。

但是，我敢肯定的是，领导的真正价值不限于在任时期的公司业绩。他人可能会根据眼前的数字来臧否现任领导，我却不认为这是客观的做法。作为领导，只不过是沧海一粟，为了下一代的可持续发展，应奉献所有。因此对于领导的评价，也应该在其卸任之后才能定夺。

后 记

我一直认为小心谨慎才是培养优秀领导力的必要条件。

就像用无数细绳编织成韧劲强大的绳索一样，捆绑起敏感、胆小、谨慎等乍看上去负面的特质，才能成为真正意义上强大坚韧的领导。

当你在不同阶段走上更高的岗位时，不确定自己是否可以胜任并心怀不安，这样的人才有可能成为真正优秀的领导。正因为想鼓舞抱有此想法的年轻人，我才勉励自己写下了这本书。

然而，胆小、敏感只不过是成为优秀领导的潜质，重要的是怎样把这些特质"捆绑"起来，这才是问题所在。

我在写此书的时候，一直在想这个问题，也会经常联想到一个人。那就是世界一流的F1车手舒马赫。在我担任CEO的时候，虽然普利司通已经从F1赛事里撤了出来，但

后 记

我本人一直是 F1 的超级爱好者，对舒马赫的驾驶技巧、比赛方式非常迷恋。

可能因为我作为领导拥有的便利条件，在担任普利司通欧洲 CEO 的时候，有几次机会可以接触到舒马赫，看到他的身影后，我觉得整个人都得到了洗礼。

即使舒马赫由于身体原因输掉了比赛，他也从来不找借口抱怨赛车的问题。虽然在顶级赛事中取得了胜利，他仍然会在其他选手都离开了赛场之后，和技术人员一起讨论或是自己默默地检查在比赛中磨损的轮胎的状态，直至自己对驾驶的赛车 100% 满意为止。他是天才的赛车手，但我也看到了天才背后的不懈努力。

这才是真正的专业。

他为了实现"理想驾驶"，尽了自己一切的努力。在进展不顺利的时候，他从来不将责任推卸给他人，而把一切都当作自己的问题去努力改善。在争分夺秒的 F1 赛场上，哪怕有任何一点点的失误都有可能危及生命。他不停地打磨自己的敏感和谨慎，为了实现自己的理想，一直都全身心投入。

而且他时常不忘关心他人。正因为如此，当大家看到他为了实现"理想驾驶"而不懈努力时，会被深深吸引。虽然他是 F1 赛车手，但即使进入商界他也一定会是位非常优秀的经营者。

在我看来，专业性就是方向正确加不懈努力。专业性的原动力是想要实现理想的强烈愿望。因此，我们要非常珍视"想做这样的工作""想创造这样的公司""想成为这样的人"等等自己内心的想法，而且为了这些想法要采取顺应目标的努力。那时，你的胆小和敏感会自然而然地被捆绑起来并锻造出坚韧的领导力。

这本书的书名用了"优秀的人"这样的字眼，但我无法判断自己是不是优秀的人，是不是杰出的领导。我自认为尽了最大的努力，但这是否可以称为领导力需要周围的人来判断。

不过，我至今为止接触了很多优秀的领导者，我确信大家都是某种意义上的胆小鬼。不管是公司的经营者、普通员工还是家庭主妇、退休年长者，无论在哪里都有优秀的领导者。他们使自己的理想在与他人的不断协调中一一实现，且将生活过得有滋有味，我被他们所深深吸引，也尽情享受着自己的人生。

在普利司通，我承蒙公司前辈、同事的诸多照顾。正因为得到了大家的指导和支持，我才能尽情地享受工作、达成目标、实现理想，对此我深怀感激。我的职业生涯中被外派到国外的时间很长，也让家人受了很多苦，他们却一直给

后 记

我最温暖的支持。正因为有了家人的支持,才有了我今日的生活。

拥有如此丰富的人生,真的非常感谢所有支持帮助我的人!

SUGURETA LEADER WA MINA SHOSHINMONO DE ARU

by SHOSHI ARAKAWA

Copyright © 2017 SHOSHI ARAKAWA

Simplified Chinese translation copyright © 2020 by China Renmin University Press Co., Ltd.

All rights reserved.

Original Japanese language edition published by Diamond, Inc.

Simplified Chinese translation rights arranged with Diamond, Inc.

through BARDON-CHINESE MEDIA AGENCY.

图书在版编目（CIP）数据

优秀的人都是胆小鬼 /（日）荒川诏四著；赵文婷译. -- 北京：中国人民大学出版社，2020.7
　　ISBN 978-7-300-28141-4

Ⅰ.①优… Ⅱ.①荒… ②赵… Ⅲ.①人际关系学－通俗读物 Ⅳ.① C912.11-49

中国版本图书馆 CIP 数据核字（2020）第 087221 号

优秀的人都是胆小鬼
［日］荒川诏四　著
赵文婷　译
Youxiu de Ren Dou Shi Danxiaogui

出版发行	中国人民大学出版社		
社　　址	北京中关村大街 31 号	邮政编码	100080
电　　话	010 - 62511242（总编室）		010 - 62511770（质管部）
	010 - 82501766（邮购部）		010 - 62514148（门市部）
	010 - 62515195（发行公司）		010 - 62515275（盗版举报）
网　　址	http://www.crup.com.cn		
经　　销	新华书店		
印　　刷	涿州市星河印刷有限公司		
规　　格	148mm×210mm　32 开本	版　次	2020 年 7 月第 1 版
印　　张	6.375	印　次	2020 年 7 月第 1 次印刷
字　　数	100 000	定　价	49.00 元

版权所有　　侵权必究　　印装差错　　负责调换